# LE CHEVAL
## A COTÉ DE L'HOMME
### ET
## DANS L'HISTOIRE

PAR

### CH. DE SOURDEVAL

CONSEILLER GÉNÉRAL DE LA VENDÉE
CORRESPONDANT DU MINISTRE POUR LES TRAVAUX HISTORIQUES
PRÉSIDENT HONORAIRE DE LA SOCIÉTÉ ARCHÉOLOGIQUE DE TOURAINE
ET DE LA SOCIÉTÉ D'AGRICULTURE D'INDRE-ET-LOIRE
MEMBRE DE LA SOCIÉTÉ ROYALE DES ANTIQUAIRES DU NORD
DE COPENHAGUE, ETC., ETC.

PARIS
J. HETZEL ET Cie, ÉDITEURS
18, RUE JACOB, 18

# LE CHEVAL

## A COTÉ DE L'HOMME

# ET DANS L'HISTOIRE

PARIS

TYPOGRAPHIE GEORGES CHAMEROT

19, rue des Saints-Pères, 19

# LE CHEVAL

A COTÉ DE L'HOMME

ET

# DANS L'HISTOIRE

PAR

CH. DE SOURDEVAL

CONSEILLER GÉNÉRAL DE LA VENDÉE
CORRESPONDANT DU MINISTRE POUR LES TRAVAUX HISTORIQUES
PRÉSIDENT HONORAIRE DE LA SOCIÉTÉ ARCHÉOLOGIQUE DE TOURAINE
ET DE LA SOCIÉTÉ D'AGRICULTURE D'INDRE-ET-LOIRE
MEMBRE DE LA SOCIÉTÉ ROYALE DES ANTIQUAIRES DU NORD
DE COPENHAGUE, ETC., ETC.

PARIS

J. HETZEL ET Cie, ÉDITEURS

18, RUE JACOB, 18
—

Tous droits de traduction et de reproduction réservés.

# AVANT-PROPOS

Après l'*Histoire du cheval chez tous les peuples de la terre*, par M. Houël, il est permis de se demander s'il n'y a pas de la témérité à revenir sur un sujet qui a été traité avec autant d'élégance que d'ampleur. Mais, plus de trente ans s'étant écoulés depuis l'apparition de cet ouvrage remarquable, nous nous sommes dit que bien des études ont été faites, bien des matériaux mis à découvert; puis nous avons entrevu un autre cadre moins étendu et permettant de dessiner les faits dans un autre ordre d'idées, en s'attachant plus spécialement au fil chronologique, et en liant, autant que possible, l'histoire du cheval à celle des peuples qui l'ont cultivé et employé.

La domestication du cheval, si elle se perd dans la nuit des temps et paraît complète dès son origine, offre, du moins, une chronologie intéressante au point de vue de la colonisation. Les Aryas japhétiques ont possédé de temps immémorial le cheval domestique, mais on le voit arriver successivement chez les Égyptiens, chez les Hébreux et chez les Arabes.

Les phases de l'antiquité et du moyen âge, le rôle du cheval, à travers les mœurs diverses des peuples et leurs révolutions, méritent une étude spéciale. C'est le thème que nous nous sommes imposé. Nous n'avons pas visé à faire une œuvre d'art, mais nous avons cherché à tracer, d'un crayon fidèle, une œuvre de vérité. Notre désir a été de faire comprendre ce qu'est le cheval auprès de l'homme et ce qu'il a été aux époques diverses parcourues par son maître. Tel est le but du *Cheval à côté de l'homme et dans l'histoire.*

CH. DE SOURDEVAL.

# LE CHEVAL

A COTÉ DE L'HOMME

# ET DANS L'HISTOIRE

## I

QUELQUES CARACTÈRES PARTICULIERS

Le cheval, qui appartient à la classe des mammifères, — ongulés, — solipèdes, a été rangé, par les naturalistes, dans l'ordre des pachydermes, — ou quadrupèdes à peau épaisse ; — ordre assez mal défini, où le cheval, dont le derme est souple, ne semble figurer que d'aventure, en compagnie de l'éléphant, de l'hippopotame, du rhinocéros, du tapir, du cochon, etc. Les quadrupèdes de cet ordre ont cependant entre eux, ou la plupart d'entre eux, un caractère commun, qui a échappé à l'attention des naturalistes, et qui y justifie la présence du cheval. C'est l'usage du nez, appliqué à la préhension et, en même temps, au toucher.

La trompe de l'éléphant est l'expression la plus haute de ces deux usages, puisqu'elle contient l'orifice respiratoire, une main préhensive et l'organe du toucher ; chez le tapir, la trompe est pour la respiration et le toucher ; chez le rhinocéros, le nez est armé d'une ou deux cornes, formidable défense ; chez le sanglier, le nez est un instrument puissant pour fouir la terre ; chez le cheval, le prolongement du nez, identifié avec la lèvre supérieure, est un organe de préhension et de toucher. C'est avec le nez ou la lèvre supérieure que le cheval saisit sa nourriture, au pré ou à l'écurie, pour l'amener sous sa dent, à la différence du bœuf qui la rassemble avec sa langue, pour la placer entre ses mâchoires. Le nez est aussi l'organe du toucher. Si un cheval est effrayé à la vue de quelque objet, il ne se rassure que lorsqu'il s'en est rapproché assez pour le flairer d'abord, et finalement pour le palper.

Dans certains passages des Alpes, on présente aux voyageurs des chevaux sans bride, et cela avec raison ; car, en tel sentier dangereux, un faux mouvement de la bride suffirait pour déterminer une chute dans le précipice, tandis que le cheval, ayant la liberté de sa tête et de son encolure, tâte le sol avec sa lèvre supérieure, avant de poser le pied sur le terrain suspect.

Le plus prudent pour le cavalier est de se réduire à l'état de colis ; le plus habile écuyer n'a rien à voir en cette manœuvre. — C'est donc par le nez préhensif que la présence du cheval parmi les pachydermes peut surtout être justifiée.

Une autre particularité est signalée par Frédéric Cuvier, dans son article CHEVAL, au *Dictionnaire des sciences naturelles*; c'est la forme carrée de la pupille de l'œil, dont le plus grand diamètre est horizontal. « La vue des chevaux est excellente, ajoute le savant naturaliste; et quoiqu'ils ne soient pas des animaux nocturnes, ils distinguent clairement les objets pendant la nuit. »

F. Cuvier dit aussi que, parmi les quatre espèces, qui, avec le cheval, constituent le genre solipède, — âne, zèbre, hémione, couagga, — le cheval est le seul dont la robe ne se *zèbre* pas.

Cette énonciation n'impliquerait-elle pas, à la fois, une erreur et un trait de lumière? — Une erreur, en ce qu'il est manifeste que, sous certaines robes, le cheval contracte des marques zébrées. — Un trait de lumière, en ce que ces robes à zébrures seraient, par là, indiquées comme ayant été les robes primitives chez le cheval, et depuis altérées et diversifiées par la domesticité, qui a eu pour effet de varier le pelage de tous les animaux soumis à l'action directe de l'homme.

En effet, la trace de la *zébrure* se rencontre assez fréquemment sur deux nuances du pelage : — l'isabelle et le gris de souris, ou pour mieux dire :

gris d'âne. — Or, ces deux robes sont presque les seules chez les *tarpans* ou chevaux sauvages de la Tartarie. — D'où il est permis d'inférer que le cheval primitif eut surtout ces deux nuances, et qu'il eut, pour *zébrures,* la raie noire sur l'épine dorsale, croisée d'une bande de même couleur, plus ou moins accusée, sur chaque épaule, et des bandes annulaires aux jambes, comme chez l'âne. La raie noire dorsale se trouve aujourd'hui, non seulement sur les chevaux isabelle ou souris, mais encore sur certains bais ou alezans, et quelquefois on reconnaît sur les épaules des poulains bais, la trace rudimentaire de la croix noire. La croix scapulaire se rencontre quelquefois chez les chevaux isabelle et chez les gris cendrés.

Ainsi l'isabelle et le gris de souris semblent avoir été les robes primitives; ces robes auraient dérivé par le bai et l'alezan. La robe blanche et ses accessoires paraissent être l'expression avancée et vieillie de la domesticité; elles sont sujettes à trois maladies qu'on ne trouve pas chez les autres robes : l'albinisme, le ladre et les mélanoses. *Color deterrimus albis,* a dit Virgile.

Le zèbre et le couagga sont indigènes de l'Afrique méridionale, l'âne et l'hémione ou czigittaï sont d'Asie. L'hémione et le couagga portent la robe isabelle, le zèbre et l'âne la robe gris cendré. Ce sont ces deux robes qui se zèbrent le plus sur le cheval.

Depuis que F. Cuvier a fait son observation, vers 1820, une cinquième espèce a été ajoutée au genre cheval, c'est le daw, de couleur isabelle, et marqué par les bandes zébrées.

## II

### ORIGINES GÉOGRAPHIQUES

L'étude de la géologie nous apprend que le cheval a existé avant l'âge actuel du globe, non seulement en Europe, en Asie, en Afrique, mais encore en Amérique où l'on remarque, la plus grande des espèces, qui a reçu le nom d'*equus americanus,* et aussi la plus petite : *equus nanus.*

L'époque quaternaire, qui a précédé le dernier déluge, nous montre les fossiles du cheval mêlés à ceux de l'homme. Pendant cette période, le cheval ne paraît pas avoir servi d'auxiliaire, mais seulement de nourriture, car ses os ont été systématiquement fendus, pour en extraire la moelle, à l'aide d'instruments de pierre, de couteaux de silex, ainsi que la chose a été pratiquée sur les os des autres animaux, trouvés fossiles dans les mêmes lieux. On recueille ces curieux témoignages dans les grottes d'Aurignac, de Lourdes, au midi de la France, dans celle du val d'Arno, dans celle d'Hamman-Mescoutine, en Algérie. Mais on ne les a pas trouvés dans les *kjœkkens-mœddings*, ou restes de cuisine, du Danemark, où abondent les os fendus pour l'extraction de la moelle.

Pour l'âge actuel du globe, au contraire, le cheval semble être sorti d'un foyer particulier, et s'être, de là, répandu progressivement dans les diverses parties du monde. Ce foyer serait, dans la haute Asie, sur ces plateaux de Pamire et Bélour, que les traditions indiennes désignent sous le nom de « Dôme du monde, » où les quatre fleuves légendaires du paradis auraient eu leurs sources. Ces fleuves seraient, selon le dire des Orientaux, l'Oxus et le Jaxarte, qui tous deux se jetaient alors dans la mer Caspienne, l'Hermant qui se perd dans les sables du Turkestan, et l'Indus.

C'est, en effet, sur ces plateaux que le cheval nous apparaît pour la première fois. Il est attelé aux chars de guerre des Aryas, peuples qui occupaient les pays signalés par les sources de ces grands fleuves. Les Aryas sont la souche des peuples indo-européens, nommés encore caucasiques, — du Caucase d'Asie, un des contreforts de l'Altaï, — nommés aussi japhétiques, — qui seraient la souche des peuples européens.

Les Aryas parlaient la langue sanscrite, dont sont dérivés les idiomes modernes de l'Inde, et à laquelle se rattachent les langues grecque et latine, sous le nom de « phrygiennes, » et tout le groupe des langues gotho-germaniques.

Les Aryas ont laissé une littérature dite « védique, » et dans cette littérature, un grand poème appelé « Rig-Véda, » dont le théâtre principal est la vallée des Sept-Fleuves qui se réunissent pour former le cours de l'Indus ou, selon d'autres, celui de l'ancien Oxus, — Amou-Daria moderne. Ce poème auquel on attribue une date fort ancienne, antérieure, de nombre de siècles, à notre ère, nous montre le cheval comme un auxiliaire de guerre, non seulement chez les Aryas, mais encore chez leurs ennemis, les Dasius.

Ceux-ci sont des peuples « Touraniens, » c'est-à-dire Scythes, Tartares de race jaune, habitant la Mongolie. Comme les Aryas, ils attelaient leurs chevaux pour les précipiter dans les combats.

C'est un fait singulier que, dans toutes les anciennes traditions historiques, le cheval paraisse attelé à des chars de guerre, ce qui est un mode très compliqué et d'un usage difficile, faisant supposer une longue domesticité et un dressage confirmé. C'est ainsi pourtant qu'on le trouve non seulement chez les Aryas et leurs hostiles voisins, mais chez les nations de l'Asie Mineure, puis chez les Grecs, enfin chez les peuples de la Grande-Bretagne, que César combattit.

La Mongolie, qu'habitaient les Dasius, possède encore des troupes de chevaux sauvages, appelés tarpans ; ces chevaux portent généralement des marques zébrées sur robes isabelle ou gris cendré, indice de la robe primitive. Mais les Dasius ou Scythes possédaient aussi le cheval domestique; ils l'employaient à la guerre, à traîner leurs tentes-chariots; ils mangeaient sa chair, se vêtissaient de sa peau et buvaient le lait de la jument. Dans leurs nombreuses migrations vers le nord-ouest, ils ont amené leurs chevaux. A cette race d'hommes appartiennent les Huns, les Hongrois, les Bulgares, les Turcs, toutes nations cavalières, qui, s'établissant en Europe, ont perdu leur type tartare ou touranien, par leur mélange avec les peuples caucasiques.

C'est par les Touraniens que le cheval paraît avoir pénétré en Chine, longtemps après que cet empire eut été constitué à l'état de civilisation.

Deux autres races d'hommes, les Sémites et les Kouschites, parties également des hauts plateaux d'Asie, se sont étendues sur les deux rives du golfe Persique, ont pénétré dans l'Arabie, où elles se sont divisées. Les Kouschites, descendants, dit-on, de Kus, fils de Cham, pénétrèrent en Afrique par le détroit de Bab-el-Mandeb, et donnèrent naissance à la race noire; les Sémites, ou fils de Sem, peuplèrent l'Arabie, la Chaldée et la terre de Chanaan. Ces deux races ne possédèrent pas le cheval à leur origine. L'Égypte elle-même, dont les habitants étaient de race sémite, ne connut le cheval qu'après plusieurs siècles.

Les Aryas, les Touraniens et les Sémites se sont rencontrés dans la double vallée qu'arrosent le Tigre et l'Euphrate, s'y sont mélangés en des proportions diverses et ont fondé les empires d'Assyrie, de Phénicie, de Médie, etc.

## III

### CHEZ LES HÉBREUX

Abraham était né à Ur-Khasdim, en Chaldée, que les assyriologues croient reconnaître en Mugheir, ville actuelle. Sur un ordre d'en-haut, il quitta Ur, et vint s'établir à Haran, en Mésopotamie, près de Babylone. Haran est devenu célèbre sous le nom de Cares par la défaite de Crassus, dans sa malheureuse expédition contre les Parthes. Après avoir séjourné à Haran, puis à Damas, Abraham se fixa enfin à Sichem dans la terre de Chanaan (*Neapolis*, *Naplouse*), avec sa famille et ses richesses.

Or, la terre de Chanaan, qui est devenue la Judée, était, aussi bien que la Chaldée, habitée par la race sémite qui ne possédait pas de chevaux.

Une famine, survenue, obligea Abraham à se réfugier en Égypte avec sa famille. Il y fut accueilli par Pharaon, qui sans doute appartenait à la dynastie des Pasteurs, ou Hiksos, sortis de la terre de Chanaan; ils devaient parler la même langue, et se reconnaître à des traits de parenté. Pharaon le renvoya comblé de présents qui consistèrent en bœufs, brebis, chameaux, ânes, en serviteurs et en servantes, mais pas de chevaux, ce qui donne à penser que l'Égypte n'en possédait pas à cette date. Le cheval n'est mentionné dans la Genèse qu'au chapitre XLIX, v. 17, par la bouche de Jacob, alors en Égypte, où les chevaux étaient sans doute arrivés depuis le passage d'Abraham. Après la mort de Jacob, son corps, embaumé à la façon d'Égypte, fut reconduit dans la Palestine, en grande pompe, avec accompagnement de chars et de cavaliers, mais qui appartenaient à Pharaon et revinrent en Égypte avec Joseph. (Gen., l. 8 et 14.)

L'Exode nous montre Pharaon, en char de guerre, poursuivant les Hébreux, et noyé dans les flots de la mer Rouge avec les chars et ceux qui les montaient. Mais le cheval n'apparaît que chez les Égyptiens, non chez les Hébreux; ainsi il n'est pas mentionné dans les vingt-cinq derniers chapitres de l'Exode, ni dans le Lévitique et les Nombres [1]. Le Deutéronome ne le signale ni parmi

---

1. Piétrement, *les Origines du Cheval domestique.*

les animaux purs, ni parmi les impurs. Quand il prescrit la consécration au Seigneur du premier né de chaque animal, il énumère ceux dont le sacrifice devra être fait, le bœuf, la brebis, l'*âne*, mais il omet le cheval. Il est permis d'inférer de ces omissions que le cheval était inusité, sinon inconnu.

Lorsqu'au chapitre XVII, Moïse annonce aux Hébreux qu'ils auront un roi, il ajoute (v. 18) : « Et lorsqu'il sera établi, il n'amassera point un grand nombre de chevaux et il ne ramènera point le peuple en Égypte[1], et ne s'appuiera pas sur une nombreuse cavalerie. »

Il semble que Moïse ait redouté, pour son peuple, l'usage des chevaux et des chars, qui lui apparaissaient comme des engins de guerre et des objets d'un luxe dangereux. Il voulait faire des Hébreux un peuple pacifique d'agriculteurs, cantonné par tribus dans les montagnes de la Judée. En cela, il a différé de Mahomet qui, fondant sa religion et son empire sur la guerre, a protégé le cheval dans sa législation, et l'a, en quelque sorte, recommandé dans son culte.

Les Israélites ne paraissent pas avoir rencontré de chevaux au sud et à l'est de la mer Morte, chez les peuples avec lesquels ils eurent des rapports

---

1. Les Israélites s'étaient plus d'une fois révoltés dans le désert, demandant à être ramenés en Égypte.

avant de passer le Jourdain. Ils s'étaient avancés vers la Terre promise qu'ils voulaient attaquer par ses frontières orientales; ils avaient obtenu le libre passage sur les terres des Iduméens, des Moabites et des Ammonites, mais ils avaient été obligés de livrer combat aux Madianites. Ils leur prirent un million de brebis, cent mille bœufs et quatre-vingt-dix mille ânes. Mais le livre des Nombres (XXXI, 1, 46), qui donne ces chiffres, ne mentionne aucun cheval dans le butin[1].

Quand Josué entra dans la Terre promise, il remporta la victoire de Gabaon contre les rois de Sichem et d'Hébron qui n'avaient pas de chevaux, car il ne s'en trouva pas dans le butin considérable recueilli après la victoire. Mais, dans une seconde campagne contre les peuples qui occupaient le nord du pays, Josué prit un grand nombre de chevaux et de chariots, et, par ordre de l'Éternel, il tua les premiers et brûla les seconds. (Josué, XI, 9.)

Tout démontre que, jusqu'à l'époque des rois, les Hébreux ne se servirent pas du cheval. Les principaux d'Israël étaient portés par des ânes, et les montures d'honneur étaient des ânesses blanches. Saül lui-même n'avait pas de chevaux; il combattit à pied contre les Amalécites qui, habitant

---

1. Piétrement, *les Origines du Cheval domestique*, page 276.

au sud de la Judée, ne se servaient ni de chars ni de chevaux. Le butin fait sur eux n'en offrit aucun.

C'est David qui, le premier, introduisit le cheval en Judée. Dans sa campagne vers l'Euphrate, il défit l'armée du roi de Soba; il prit dix-sept cents chevaux et vingt mille hommes de pied; encore se conforma-t-il en partie à l'usage reçu dans Israël, en faisant couper les jarrets à la plupart des chevaux; il n'en réserva que pour atteler cent chariots. (II Rois, VIII, 4.) Sa victoire contre les Syriens, à l'est du Jourdain, lui livra sept cents chariots, quarante mille chevaux et tout le pays, qui fit la paix et resta soumis aux Hébreux. (II Rois, XI, 18, 19).

Lors de la révolte d'Absalon, l'armée du fils de David était pourvue de chars et de chevaux. Il en fut ainsi dans l'armée d'Ananias, révolté.

Cependant la mule paraît avoir été la monture préférée. Les fils de David, après le meurtre de leur frère Ammon, tué dans un festin, par ordre d'Absalon, s'enfuirent, montant chacun une mule. (II Rois, II, 23, 25).

Ce fut sur sa propre mule que David fit monter Salomon pour l'envoyer sacrer par le grand prêtre Sadoc. (III Rois, I, 33.)

Salomon fut le véritable colonisateur du cheval en Judée. Roi pacifique, il régna sur les pays soumis par David, depuis Tapsaque, sur l'Euphrate, jusqu'à la frontière d'Égypte. Il était en relation d'amitié et de commerce avec la puissante ville de Tyr. Il possédait Damas, et fonda Palmyre dans e désert. Cette ville devint aussitôt un entrepôt considérable pour les marchandises de la Perse et de l'Inde, qui vinrent enrichir Jérusalem, Damas et Tyr. Les richesses de Salomon, accrues par le commerce, le portèrent à imiter le faste des monarques d'Asie. Il rassembla, dit le III$^e$ livre des Rois (chap. xvii, 26), quarante mille chevaux, pour les chariots, et douze mille chevaux de selle. Les Paralipomènes (ii, 14 et 26) disent qu'il eut mille quatre cents chariots et douze mille hommes de cavalerie.

Les marchands, qui trafiquaient pour ce prince, faisaient des voyages en Égypte et à Coa, qui est réputé être aujourd'hui Samanhout, au bord du Nil, dans la moyenne Égypte. L'attelage de quatre chevaux revenait à six cents sicles d'argent, et un cheval à cent cinquante. On en achetait aussi des Héthéens, peuple mélangé d'Aryas et de Sémites, au nord de la Syrie, mais il est remarquable qu'aucun ne provenait de l'Arabie, où, selon toute apparence, il n'en existait pas. On doit attribuer au commerce, que Salomon faisait faire par ses agents, les grandes richesses qu'il acquit. Il rendit l'or et l'argent aussi communs que les pierres à

Jérusalem, disent les Paralipomènes (i, 15); sans le commerce, son petit royaume, tout agrandi qu'il était par les conquêtes de David, n'aurait pu suffire à défrayer tant de magnificence. Après Salomon, la colonisation du cheval fut acquise à la Judée.

Le livre de Job, souvent considéré comme attestant l'antiquité du cheval arabe, est incertain dans sa double date de temps et de lieu. Job habita la terre de Hus que la critique moderne croit reconnaître dans l'*Ausitis* de Ptolémée, pays du désert de Syrie, vers l'Euphrate. La richesse de Job consistait en sept mille moutons, trois mille chameaux, cinq cents paires de bœufs, cinq cents ânesses; mais on ne voit pas qu'il possédât de chevaux. Il a, cependant, magnifiquement décrit le cheval, aussi bien que le béhémoth qu'assurément il ne possédait pas. Sa description du cheval, toute morale, ne dit pas un mot du physique de l'animal : « Il écume, il frémit, il dévore la terre, il court au-devant des hommes armés et dit : Allons! » La pensée revêt naturellement cette âme hippique de toute la beauté et de tout le prestige du cheval du désert. On suppose que le livre de Job a été écrit vers la fin de la période des rois, tout en faisant apparaître le héros antérieur à Moïse.

## IV

### ÉGYPTE

Le sol de l'Égypte recèle, comme nous l'avons dit, des fossiles hippiques, et, cependant, son peuple historique était déjà arrivé à un haut degré de puissance et de civilisation, avant de connaître le cheval avec son importance domestique et guerrière. Ce fait, qui dérive de l'étude de ses monuments, avait échappé aux investigations, pourtant si attentives, des savants et des artistes qui composèrent la Commission des sciences et des arts de notre célèbre expédition au bord du Nil.

C'est depuis lors qu'un égyptologue, recommandé par de savants travaux, a signalé l'absence des chevaux sur les bas-reliefs et sur les peintures des plus anciens monuments.

« L'histoire de ce vieux peuple, dit M. Prisse d'Avennes, se divise en trois grandes périodes : la première, ou la monarchie primitive, depuis Ménès, son fondateur, jusqu'à l'extinction des rois de la douzième dynastie, époque de l'invasion des Pasteurs ou Hiksos ; — la domination de ces conquérants asiatiques sur l'Égypte forme la seconde période ; — enfin leur expulsion ouvre une nouvelle ère de prospérité et de grandeur, sous les rois de la dix-huitième dynastie, et forme la troisième période, qui offre bien des phases diverses, mais qui n'amène pas de grands changements dans les destinées du pays jusqu'à l'invasion d'Alexandre.

« Sur les monuments de la première période, tels que les hypogées des pyramides, de Syout, de Beni-haçan, de Kaùm-el-hamar, etc., l'armée n'est composée que de fantassins; les uns, véritables soldats de ligne, sont armés d'une cuirasse, d'un bouclier, d'une lance et d'une hache; les autres forment des troupes légères de frondeurs et d'archers. Sur ces monuments aucun bas-relief, aucune peinture ne représentent ni chevaux, ni cavaliers, ni chars de guerre, et tout conduit à croire que le cheval, ce fier et vigoureux auxiliaire de l'homme, ne fut connu des Égyptiens qu'à la fin de la douzième dynastie, par suite des campagnes des Osortasen en Asie. Mais ces aventureuses expéditions amenèrent de funestes représailles, enseignèrent aux hordes asiatiques le chemin de l'Égypte et préparèrent les invasions et la domination des Pasteurs.

« C'est avec les Pasteurs sans doute que le cheval apparut et se naturalisa dans la vallée du Nil. Tous les monuments qui datent de l'expulsion des Pasteurs nous présentent des scènes militaires, où les chevaux et les chars de guerre jouent le principal rôle, et déterminent des changements notables dans la tactique militaire des Égyptiens.

« Jamais on ne voit de cavaliers combattant dans les anciennes guerres, jusqu'à la dix-huitième dynastie, mais seulement lorsque les rois pasteurs furent expulsés, après avoir régné dans la moyenne et la basse Égypte, pendant cinq cent vingt-cinq ans[1]. »

Il est une observation à faire dans cette conclusion de M. Prisse d'Avennes, c'est que les Hiksos ou Pasteurs, qui conquirent l'Égypte contre la douzième dynastie, provenaient, d'après les documents hiéroglyphiques, de ces hordes pillardes de l'Arabie et de la terre de Chanaan, et appartenaient, par conséquent, à la race sémite qui ne possédait pas de chevaux, à cette époque, et ne les a connus que plus tard. Ces barbares, qui détruisirent une grande partie des monuments de l'Égypte, n'en élevèrent pas eux-mêmes ; ils n'étaient point artistes et ils n'ont laissé d'autres témoignages de leur passage que des ruines. C'est, dit M. Prisse lui-même, sur les monuments postérieurs à l'expulsion des Hiksos, que l'on voit, pour la première fois, les chevaux et les chars de guerre. Les monuments ne disent donc rien de la présence des chevaux en Égypte, sous les rois pasteurs.

---

[1]. *Les Monuments d'Égypte,* in-folio.

Les rois de la dix-huitième dynastie, au contraire, après avoir expulsé les Pasteurs, portèrent l'Égypte au comble de la puissance et de la gloire; ils soumirent à leur domination, la haute vallée du Nil jusqu'à l'Abyssinie, et, de là, retournant leurs armes vers l'Orient, ils passèrent l'Euphrate et vainquirent les Assyriens, dont les armées étaient fortifiées par la cavalerie et les chars.

« C'est de la guerre de Thoutmès Ier, en Mésopotamie, que les Égyptiens rapportèrent le cheval, qui apparaît alors pour la première fois dans leurs sculptures, et qui semble leur avoir été jusque-là inconnu. Le roi en ramena quatre mille et établit des haras dans les pâturages de la basse Égypte. L'animal, qui venait d'être une de leurs plus précieuses conquêtes, y prospéra; et, en peu de temps, la vallée du Nil devint un pays de grande production chevaline. » C'est en ces termes que M. François Lenormand résume les plus récentes découvertes égyptiennes [1].

Telle est l'origine la plus vraisemblable de la présence du cheval en Égypte. Cet évènement daterait, selon M. Lenormand, d'un ou deux siècles avant Moïse. Des bas-reliefs, qui représentent les Égyptiens combattant à pied contre des armées pourvues de chars, et les poursuivant après la vic-

---

1. *Manuel de l'Histoire ancienne de l'Orient*, t. I, p. 238.

toire, ne peuvent s'appliquer aux combats contre les Hiksos, qui furent vainqueurs des Égyptiens, mais bien plutôt aux Assyriens, vaincus par eux.

Thoutmès III, petit-fils du précédent, porta ses armes sur tout le littoral méditerranéen de l'Afrique septentrionale. Ce fait, attesté par les inscriptions hiéroglyphiques, est en outre confirmé par des monuments découverts, sur le sol de l'Afrique, depuis Tripoli jusqu'au Maroc. De là date sans doute la race numide, ancêtre de la race barbe.

Il est à remarquer que le cheval ni le chameau ne figurent parmi les embaumements de l'ancienne Égypte, avec le bœuf, le bouc, le loup, le chien, le chat, l'ichneumon, l'ibis, l'épervier, qui y sont si fréquents, et qu'il n'est représenté par aucune de ces figures de bronze ou de pierre, recueillies en si grand nombre dans nos musées. Diodore, qui a énuméré tous les animaux sacrés, objet du culte des Égyptiens, ne mentionne pas le cheval. Tout ceci nous indique que le noble animal n'est arrivé au bord du Nil qu'après le cycle cosmogonique de l'Égypte. On le trouve sur les peintures des temples et des palais, mais ces peintures appartiennent à l'âge historique. Les chevaux y sont le plus souvent attelés, par paires, à des chars en forme de boîtes étroites et carrées, dans lesquelles un guerrier debout est engagé jusqu'à la ceinture ; il a ses deux mains libres pour manier l'arc ; les rênes sont attachées au bas de sa poitrine, et il fait manœuvrer les chevaux par le seul mouvement de son corps ; s'il vient à tomber, il doit éprouver le sort d'Hippolyte, à moins que le poids de son corps, pesant sur la bouche des chevaux, ne les arrête. Ceux-ci sont couverts de housses, collant sur le corps, attachées sous le ventre par deux agrafes, et fixées en avant et en arrière par des courroies ; des plumes ornent la tête des chevaux, et les rênes partent de la commissure des lèvres.

« Les chevaux égyptiens, dit M. Prisse d'Avennes, à en juger par les bas-reliefs et les peintures, étaient d'une taille élevée ; ils avaient le cou effilé, l'encolure rouée, les pâturons hauts, les jambes longues et minces, les pieds petits, la queue longue et bien fournie..... Les couleurs, sous lesquelles on représente constamment les chevaux, indiquent que les robes blanches étaient les plus communes. Cette race s'est conservée dans la haute vallée du Nil et se rencontre quelquefois en Égypte, où elle est connue sous le nom de Dongolawi, c'est-à-dire de la province de Dongolah, en Nubie. »

M. Prisse d'Avennes définit assez bien les chevaux des peintures égyptiennes, qui sont fort hauts sur jambes et fort effilés mais surtout ils sont dessinés par de très mauvais artistes, comparables à ceux qui ont tracé les chevaux sur les vases peints des Grecs. Ces chevaux sont d'une telle irrégularité qu'il n'est pas possible d'en tirer des conclusions sérieuses. On voit seulement que ce sont des chevaux de beaucoup de sang, comme on en distingue aisément sur les vases peints; mais il n'est pas nécessaire d'en conclure qu'ils sont continués par la race actuelle de Dongolah. Les races sont trop changeantes selon les temps et les lieux pour qu'on puisse s'arrêter à une pareille idée. Les chevaux des peintures égyptiennes ne ressemblent pas à ceux des bas-reliefs de Ninive. Mais ceux-ci paraissent, de même, avoir été fort mal compris des artistes qui ne leur ont pas fait d'épaules admissibles. Les artistes égyptiens et les artistes assyriens peuvent avoir exagéré leurs images, chacun en sens inverse de l'autre, et rien n'empêche que les chevaux d'Égypte ne soient venus d'Assyrie, ainsi que l'ont lu de savants égyptologues.

Les robes variées, et particulièrement la robe blanche, indiquent que, dès cette époque, la domestication du cheval était fort ancienne et antérieure sans doute à son arrivée en Égypte.

## V

### ASSYRIE ET NÉSÉA

Les chevaux d'Assyrie et de Mésopotamie dont les images nous sont parvenues, avec les bas-reliefs de Ninive apportés au Louvre, paraissent avoir le caractère oriental, malgré leurs jambes un peu épaisses et leurs épaules basses. Ils durent avoir la taille peu élevée, puisqu'elle atteint à peine à la poitrine des hommes debout. Ils ont la crinière soigneusement frisée et pomponnée, la queue est ornée de rubans et de nœuds. Ils sont plus souvent attelés que montés, et les chars contiennent deux personnages, dont un sans doute est le guerrier, l'autre l'automédon.

MM. Spratt et Forbes, voyageurs anglais qui ne connaissaient pas encore les bas-reliefs d'Assyrie, ont, vers 1840, signalé, parmi les ruines de la ville de Tlos, en Lycie, une sculpture représentant Bellérophon sur Pégase. « Pégase, disent-ils, est un cheval persan, avec la crinière et la queue ornées de nœuds. Une housse, richement décorée a été peinte sur son dos. »

Si le cheval de Bellérophon est persan par sa forme, il est assyrien par son équipement; et tout cela coïncide avec une race célèbre de chevaux décrite par Strabon, celle de Néséa.

« Dans l'ancien royaume d'Assyrie, dit l'illustre géographe, l'Arménie et la Médie fournissaient d'excellents pâturages. On remarquait surtout la prairie *hippobothos* (nourrice des chevaux), dans laquelle, du temps des Perses, cinquante mille juments paissaient une herbe appelée *sylphium*. Ce haras faisait partie du domaine royal, et c'était, selon quelques auteurs, celui d'où sortaient les chevaux *Néséens*, c'est-à-dire originaires de la *Néséa*, province voisine, sinon faisant partie intégrante de l'Hyrcanie, dont le roi se servait comme étant les meilleurs et les plus grands. Mais, suivant d'autres témoignages, leur race venait de l'Arménie. Ces chevaux, continue le célèbre géographe, sont pareils à ceux que nous appelons parthiques; et, en les comparant avec les chevaux de race grecque, ou transplantés d'autres pays dans le nôtre, *on leur trouve une forme particulière*. L'Arménie est également féconde en chevaux et le cède peu à la Médie, puisqu'elle produit, de même, le cheval néséen. Le satrape, chargé du gouvernement de l'Arménie, devait envoyer annuellement au roi vingt mille chevaux pour les fêtes mithriaques. »

Ce passage de Strabon semble indiquer, avec assez de clarté, le cheval oriental de pur sang. Ce cheval néséen, qui ressemble aux chevaux des Parthes et diffère des chevaux connus en Grèce et en Italie, dont les rois de Perse s'adjugeaient le monopole, devait être un animal à part et d'une nature supérieure. Hérodote le mentionne en deux passages. « Les chevaux des Indiens, dit-il, sont plus petits que ceux de la Médie qu'on appelle « Néséens » (III, 106). Et dans la marche de l'armée de Xerxès : « Venaient ensuite dix chevaux sacrés, « néséens, » avec des harnais superbes. On leur donne le nom de niséens parce qu'ils viennent de la vaste plaine néséenne en Médie, qui en produit de grands. On voyait ensuite Xerxès sur un char attelé de chevaux néséens. »

Hérodote dit encore : « En Thessalie, Xerxès fit lutter ses chevaux contre les chevaux thessaliens, qu'on lui avait signalés comme les meilleurs de la Grèce, et, dans cette épreuve, les chevaux grecs furent de beaucoup inférieurs (VII, 86).

## VI

### ESPAGNE ET CYRÈNE

Une fois le cheval néséen caractérisé par sa ressemblance avec celui des Parthes, Strabon retrouve son analogue en Espagne, où les chevaux de la Celtibérie, de la Galice, de la Lusitanie et des Asturies rappellent, selon le savant voyageur Posidonius, son compatriote d'Amasée, cité par lui, ceux des Parthes, tant par leur légère élégance que pour la vitesse avec laquelle ils courent. Ainsi le cheval de pur sang a pu se trouver en Espagne dès la plus haute antiquité, mais ce serait dans le nord et à l'ouest de cette contrée et non dans le midi, malgré la réputation dont l'Andalousie a, depuis lors, joui pendant des siècles.

De l'Égypte, où les victoires de Thoutmès Ier amenèrent les premiers chevaux, la brillante colonie s'étendit, comme nous l'avons dit, sur le littoral méditerranéen. Elle a dû déposer, dans le désert de Barca, le premier germe de ces chevaux qui, après la fondation de Cyrène par Battus, 640 ans avant J.-C., furent croisés avec des chevaux venus de la Grèce, et produisirent cette race de la Cyrénaïque, si recherchée pour les courses olympiques. Les habitants de Cyrène, pour conjurer la visite d'Alexandre le Grand, arrivé en Égypte, ne trouvèrent rien de mieux que de lui envoyer, en présent, trois cents de leurs meilleurs chevaux.

Enfin la cavalerie numide déploya, contre les légions romaines, la valeur de ses petits chevaux, issus du butin de Thoutmès, précédemment de la Néséa, et ancêtres présumés de la race actuelle du Sahara.

## VII

### EN GRÈCE

Comment le cheval arriva-t-il dans la Grèce ? Deux fables semblent nous indiquer qu'il y pénétra de deux côtés, avec des caractères distincts. Le trident de Neptune, faisant surgir le cheval en Attique, est l'indice d'une colonisation phénicienne, venue par mer. C'est une origine aryenne et sémitique. L'autre mode est celui des centaures, débouchant, en Grèce, par les montagnes du Pinde et de la Thessalie, et apparaissant aux peuples comme des monstres inconnus, moitié hommes et moitié chevaux. Cela semble être l'invasion d'une horde touranienne, cavalière dès la plus haute antiquité, venue par le Nord, contournant la Caspienne et la mer Noire, pour s'abattre sur la Grèce. On dirait les précurseurs des Huns et des Hongrois. Cette invasion touranienne est peut-être l'origine de la supériorité des chevaux de la Thessalie et de la Thrace.

Le cheval grec vit beaucoup plus chez les poètes et les artistes que chez les simples prosateurs. Les poètes l'animent d'un feu divin, mais laissent tout son physique dans le vague ; les artistes font comme les poètes et lui donnent une grande animation sous des formes souvent peu acceptables, ainsi que la chose a lieu sur les vases peints, sur les pierres gravées et sur la plupart des bas-reliefs.

Quelques œuvres choisies, comme les frises du Parthénon, présentent seules le cheval avec un juste équilibre des formes et de la physionomie. Les chevaux du Parthénon sont élégants, nobles, pleins de vigueur et de souplesse; ce sont évidemment les chevaux des poètes, les chevaux des jeux Olympiques.

Au dixième chant de l'Iliade, Homère met, dans la bouche de Dolon, un magnifique éloge des chevaux de Rhésus, roi de la Thrace asiatique, venu récemment au secours des Troyens. « Jamais je n'ai vu, dit le guerrier, de coursiers ni plus grands ni plus beaux que les siens. Plus brillants que la neige, ils égalent les vents dans leur course rapide. » — « Jamais, s'écrie le vieux Nestor, en apercevant ces mêmes chevaux, amenés au camp des Grecs par Ulysse et Diomède, jamais, dans ma longue carrière, je n'ai même entrevu de pareils coursiers. Les auriez-vous ravis au milieu des cohortes ennemies, ou quelque dieu vous aurait-il fait ce don? Ils brillent de tout l'éclat des rayons du soleil. » Ce sont les mêmes chevaux qui, attelés au char de Diomède et rangés par le sort à la cinquième et dernière place pour le départ, gagnèrent le prix de la course dans les jeux célébrés par Achille aux funérailles de Patrocle.

## VIII

### JEUX OLYMPIQUES

La Grèce attribuait à Hercule l'invention des jeux Olympiques. On trouve dans Homère les premiers éléments de ces luttes gymnastiques dont l'institution fut ensuite si développée et si populaire dans la Grèce. Il y a des courses de chars au tombeau de Patrocle. Cependant les jeux Olympiques se célébrèrent longtemps avant qu'il y parût un cheval. Il s'agissait surtout d'exercer les forces physiques à la course, à la lutte, à lancer le disque. Le prix de la course à pied fut réputé le plus glorieux, bien qu'il ne pût guère être remporté que par un garçon de vingt ans; et ce jeune vainqueur conserva toujours le privilège de donner son nom à l'olympiade où il avait triomphé. Le prix de poésie, admis plus tard, resta inférieur à celui de la course à pied; Eschyle, Euripide, Sophocle durent s'incliner devant la gloire supérieure d'un gamin, peut-être illettré. Les vainqueurs des courses de chevaux attelés et montés durent également rendre hommage à la vélocité pédestre. Il n'est donc pas surprenant que Achille, le héros typique des poèmes homériques, soit souvent cité par le poète, pour sa rapidité à la course:

« Achille aux pieds légers ». La vélocité jouissait alors d'une haute considération.

Ce ne fut que cent vingt ans après la première olympiade d'Iphitus, c'est-à-dire environ six cents ans avant notre ère, et un peu avant la première guerre de Messène, que les courses de chars furent instituées à Olympie; et les courses montées ne parurent que vingt ans plus tard.

Le stade, de 185 mètres, pour la course à pied, fut doublé pour l'hippodrome. La piste n'était pas arrondie ou elliptique comme elle l'est de nos jours, mais elle était tracée en ligne droite et allait se replier derrière une borne placée à l'extrémité, pour revenir ensuite au point de départ; ce qui faisait un parcours de 740 mètres. Mais ce parcours se répétait au moins six fois, soit 4,440 mètres, et souvent jusqu'à douze fois, 8,880 mètres. Au dire de Pausanias, la piste était assez large pour laisser courir quarante chars de front. Les chars étaient généralement attelés de chevaux fixés au timon par un joug placé près du garrot (*biga*). Mais souvent, aussi, le prix se disputait entre chars attelés de quatre chevaux placés côte à côte (*quadriga*).

Il nous est difficile d'expliquer comment quarante chars, courant ensemble, pouvaient, sans confusion et sans de fréquents accidents, doubler la borne. Nous en laissons la responsabilité à Pausanias. Les chars étaient bas, fort courts, ouverts à l'arrière, portés sur deux roues, et le conducteur était debout. Les guerriers des siècles héroïques excellèrent dans ce dangereux exercice. Vers les derniers temps, il fut permis aux gens riches, aux femmes mêmes et aux étrangers d'envoyer aux fêtes Olympiques des chevaux courir en leur nom. Denys, tyran de Syracuse, et Philippe, roi de Macédoine, firent, à cet égard, de grands sacrifices et déployèrent une somptuosité inouïe, en vue de se créer des lettres de naturalisation parmi les citoyens de la Grèce.

Les chevaux indigènes furent bientôt délaissés pour des chevaux étrangers de qualité supérieure. On distingua, parmi ceux-ci, les chevaux de l'Épire et de la Thessalie. Un proverbe grec prétendait que la Thessalie n'avait jamais produit un honnête homme ni un mauvais cheval. Les chevaux de la Cyrénaïque, ceux de Crète et de Sicile, ceux enfin des deux Thraces, d'Europe et d'Asie, étaient aussi très recherchés. Les chevaux de la Laconie conservèrent toutefois leur réputation jusqu'à la fin.

Pindare et les poètes panégyristes des jeux Olympiques ont souvent célébré les chevaux vainqueurs. L'éloge des coursiers était un complément indispensable de la gloire des athlètes, et, souvent, il faut en convenir, la louange était non moins méritée par le quadrupède que par son maître.

## IX

### XÉNOPHON

Xénophon, celui des Grecs qui nous a donné les détails les plus étendus sur le cheval, ne nous dit rien de la production, ni des provenances. Et pourtant, dans sa retraite de Scyllonte, si heureusement située entre les pastorales vallées de l'Arcadie et le stade glorieux d'Olympie, il dut élever des chevaux sur les pelouses du parc qu'il avait consacré à Diane, en mémoire de sa périlleuse expédition d'Asie. Il avait, dans cette guerre mémorable, traversé les riches vallées de l'Euphrate et du Tigre où se forment aujourd'hui les plus beaux chevaux de l'Orient; il avait, sur les confins de l'Arménie, vu et capturé des poulains destinés au Grand Roi. Il oublie tout cela, et, en consommateur qui ne connaît que la marchandise fabriquée, il conduit son lecteur tout droit chez le marchand de chevaux. Un voile épais est jeté sur tout ce qui a précédé l'arrivée du jeune quadrupède en ce lieu. Xénophon enseigne à quels signes on doit distinguer le cheval capable de faire un bon et long service militaire, car il ne s'occupe que de celui-là.

La Grèce est un pays de montagnes, produisant le cheval léger; aussi l'auteur insiste-t-il sur les formes développées dont ce climat est avare.

« Du poulain encore à dompter, dit-il, c'est le corps seul qu'on examine; l'âme ne se peut guère connaître que du cheval qu'on a monté. Or, dans le corps, ce sont d'abord les jambes qu'il faut considérer. On jugera du pied, premièrement, par l'ongle qui vaut bien mieux épais que mince; il faut voir ensuite si le sabot est élevé ou bas, devant et derrière, ou tout à fait plat. Car le sabot haut tient élevée du sol la fourchette, mais, lorsque le sabot est bas, le cheval marche également sur la partie solide et sur la partie molle. On connaît, au bruit des battues, la bonté du pied du cheval; le sabot creux résonne sur le sol comme une cymbale. »

Le pied, ainsi décrit par Xénophon, est bien près de l'encastelure. Cette fourchette rentrée n'est pas pour nous d'un bon augure; mais il fallait que le cheval marchât sans fers; aussi l'auteur de la *Cavalerie* insiste-t-il sur les précautions à prendre pour durcir le pied. Il recommande les écuries pavées, et tenues propres et sèches. Puis on attache le cheval, hors de l'écurie, sur des pierres roulantes, de grosseur à tenir dans la main. Ce pied-là n'est pas celui que nous recherchons; nous n'avons pas besoin de pieds si hauts ni si serrés pour notre ferrure qui, sans doute, est un mal nécessaire, mais qui vaut mieux que les pieds durcis par le système ici indiqué.

Xénophon insiste sur des reins larges, des poitrines ouvertes, des encolures redressées et sur des membres forts. Puis il demande des oreilles petites et écartées à leur base, ce qui donne, dit-il, à la tête un air plus noble. « Cette largeur du sommet de la tête, dit Paul-Louis Courier, à la traduction duquel nous empruntons notre citation de Xénophon, était regardée chez les anciens comme une beauté, était le trait caractéristique des chevaux qu'on appelait *bucéphales* ou têtes de bœuf. De ce genre était la belle tête de cheval qu'on voit à Naples, au palais Colombrano. Il ne faut pas croire que ce nom de bucéphale fût particulier au cheval d'Alexandre ; erreur de Pline et de plusieurs autres ; on donnait ce nom à une race particulière de chevaux thessaliens, et à ceux qui leur ressemblaient. Le cheval tant admiré et tant critiqué de Marc-Aurèle, au Capitole, est bucéphale. »

A cela nous ajoutons que les chevaux représentés sur la tapisserie de Bayeux, et ceux des vignettes anglo-saxonnes publiées par Strutt, ont le même caractère de largeur au sommet de la tête.

Xénophon, poursuivant la description du cheval, se préoccupe de ce qui sera le plus commode au cavalier. Les anciens n'avaient pas de selles à arçons, ils montaient soit à poil, soit sur des housses, soit sur des coussins plus ou moins rembourrés, et ne se servaient pas d'étriers. Ils prenaient donc en grande considération, dans la forme du cheval, les avantages qu'elle pouvait offrir à l'assiette du cavalier. On se gardait bien de demander un dos relevé comme aujourd'hui. « L'épine double est la plus belle et la plus commode pour s'asseoir ; le garrot élevé rend le cavalier plus ferme, offrant à ses cuisses plus de prise sur les épaules et sur le corps de l'animal. »

Ainsi le garrot n'est apprécié que comme un simple agrément pour le cavalier. Aucun autre auteur ne le recommande, et il paraît avoir été généralement oublié dans les images que l'antiquité nous a transmises.

Xénophon s'accorde avec les agronomes romains pour vouloir une tête petite, avec yeux et naseaux ouverts, dos large et court, ventre effacé, croupe développée, queue fournie et ondoyante comme la crinière. Tout ceci semble être la description d'un cheval de charrette, mais c'est aussi celle d'un poney, et si nous rapprochons ces caractères des chevaux sculptés que nous ont laissés les anciens, nous trouverons de l'analogie entre la description et les images.

Si, de plus, nous considérons le peu d'élévation des chevaux à côté des hommes représentés avec eux, les pieds du cavalier descendant presque aux genoux du cheval, le bras étendu dépassant la longueur de l'encolure, ainsi que la chose se présente notamment, dans les gracieux profils des frises du Parthénon, aujourd'hui au Musée britannique, le peu de hauteur des chars, où le cheval est attaché directement au timon qui est sur une ligne presque horizontale au parquet du char, nous serons amenés à reconnaître combien les chevaux de la Grèce devaient être peu élevés; nous arriverons forcément à conclure que le cheval de guerre antique, et celui des courses olympiques, fut un poney trapu, compact, vigoureux et agile.

Le musée du Louvre offre malheureusement bien peu d'images de chevaux antiques. On y peut toutefois remarquer une statuette de centaure, laquelle, par conséquent, est privée de la tête et de l'encolure équines. Cette circonstance est regrettable, car le modèle est excellent ; il répond bien aux descriptions de Xénophon, de Columelle et de Virgile ; il est ample, nourri, près de terre et pourtant cette masse charnue est revêtue d'une certaine distinction sur toute sa surface; les muscles, les veines sont bien accusés : *luxuriatque toris animosum pectus*. Voilà, certes, un très beau cheval de carrosse, un puissant destrier sous une petite taille.

Il existe, ou il a existé, dans les collections nationales, une statuette de même dimension que le centaure, représentant un cheval écorché.

Cette statuette, comme celle du centaure, comme les bas-reliefs élégants du Parthénon, et tant d'autres bas-reliefs informes, rentre dans la description du cheval donnée par Xénophon, et tout confirme le poney trapu et énergique que nous avons indiqué.

Xénophon, qui ne pense pas qu'un « gentleman » athénien puisse s'occuper d'élever des chevaux, ne veut pas davantage qu'il emploie ses loisirs à les dresser ; ce jeune citoyen a vraiment bien autre chose à faire. « Nous ne croyons pas, dit-il, devoir parler de la manière de dresser les chevaux ; car, dans les républiques, on désigne pour la cavalerie les jeunes gens les plus riches des familles qui ont le plus de part au gouvernement, et un jeune homme, ainsi né, au lieu de passer son temps à dresser des chevaux, fera bien mieux de se former le corps par la gymnastique, et d'apprendre l'équitation ou de s'y exercer, s'il est déjà instruit. Quiconque, sur ce point, pensera comme moi, donnera son cheval à dresser. » Le même auteur veut absolument que tout cheval de guerre soit d'un naturel doux. « Tout animal de service qui n'obéit pas ne sert à rien ; mais le cheval désobéissant n'est pas seulement inutile, il vous trahit souvent et vous livre à l'ennemi. » Entre autres exercices, il recommande d'habituer les chevaux à marcher sur les sols les plus difficiles.

« Puisque le cheval devra, selon la nature du terrain, galoper tantôt en montant, tantôt en descendant, tantôt obliquement, en quelques endroits franchir un espace, en d'autres s'élancer d'un fond ou d'une enceinte, ou même sauter de haut en bas, ce sont autant de leçons à pratiquer pour l'homme et le cheval, afin qu'ils agissent d'accord, et s'aident l'un l'autre dans le péril. Pour habituer le cheval à sauter de haut en bas et de bas en haut, on lui fera sentir l'éperon [1]. Pour l'accoutumer aux descentes, il faut le conduire, en commençant, par des pentes douces, et, une fois habitué, il courra plus volontiers en descendant qu'en montant. Quelques-uns, craignant pour leurs chevaux un écart d'épaule, n'osent les pousser dans les descentes; mais qu'ils soient, sur cela, sans inquiétude : les Perses et les Odryses [2], qui font des courses de défi dans les pentes rapides, n'estropient pas plus leurs chevaux que les Grecs. »

Les étriers étant inconnus, les jeunes gens s'élançaient sur le dos du cheval en s'aidant de la

---

1. La méthode peut être bonne pour sauter de bas en haut, mais le saut de haut en bas ne peut s'obtenir par l'éperon, car ce saut répugne infiniment au cheval qui ne l'a jamais pratiqué. Les chevaux des Alpes s'accroupissent sur leurs jarrets, et lancent moelleusement leurs pieds de devant, ceux de derrière suivent ensuite et le cavalier ne sent aucune secousse dans le saut de 1 mètre en aval.
2. Peuple de la Thrace.

lance, les hommes d'âge se faisaient enlever le pied par des serviteurs, ou cherchaient à profiter d'une borne, d'un avantage du terrain. Tout cela ne devait pas être bien difficile, vu la petite taille des chevaux.

« Lorsqu'on sera assis, soit à poil, soit sur la couverture, la bonne assiette n'est pas de se tenir comme sur un siège, mais plutôt comme si l'on était debout, les jambes écartées ; ainsi placé, on se tiendra mieux des cuisses, et cette position droite donnera plus de force pour lancer le dard ou frapper de près au besoin. » Cette singulière attitude, qui jette tout le poids du cavalier sur la pression oblique des cuisses, semble devoir être très fatigante. C'est pourtant celle avec laquelle sont représentés nos hommes d'armes du moyen âge ; c'est celle aussi qu'affecte le célèbre duc de Newcastle dans la gravure équestre qui précède son Traité d'équitation. Mais, certes, elle n'a rien de commun avec la position si souple, si moelleuse, si naturelle avec laquelle les cavaliers des frises du Parthénon sont assis sur le dos nu de leurs chevaux

## X

### ROMAINS

Chez les Romains, on estimait les chevaux de l'Apulie, et plus encore ceux élevés dans les pâturages succulents autour de la ville de Roséa, au pays des Sabins. C'étaient toujours des chevaux de montagnes. L'agilité, la souplesse, la force leur étaient demandées. Ils devaient avoir, selon les auteurs, qui sont tous d'accord, Varron, Columelle, Palladius, Virgile, la tête petite et expressive, l'encolure flexible sans être longue, la poitrine forte, le dos large, les membres robustes, enfin le pied haut et concave, comme le voulait Xénophon. On distinguait les chevaux de race noble, destinés aux courses du cirque et à la guerre, puis les chevaux vulgaires, formant, en général, des bêtes de somme ou de trait, auxquelles on préférait les mulets. Car ce produit hybride remonte à la plus haute antiquité. Il est mentionné dans les Psaumes, et il était la monture d'Absalon, au moment où ce fils de David fut tué. Le cheval romain était, comme le cheval grec, un poney robuste et agile.

Après le cheval aux pieds concaves, si recommandé, nous voyons un cheval aux pieds plus évasés se former sous les préceptes d'un agronome célèbre. « Plus une race est distinguée, dit Columelle, plus elle demande d'abondants pâturages ; on doit choisir pour elle des prairies marécageuses, et non montagneuses, qui soient toujours arrosées, plutôt découvertes qu'ombragées, et dont les herbes sont plus savoureuses que hautes. » Des prairies ainsi définies, si elles étaient au nord de la France, ne pourraient manquer d'aplatir le pied et d'amener la fourchette à l'arasement de la sole. Partout, ces sortes de prairies développent le pied en d'autres conditions que les montagnes et les plateaux élevés. L'animal y devient plus grand, plus charnu, plus osseux ; il a plus de masse et moins d'énergie. Mais Columelle écrit en Italie, sous le ciel du Midi ; et ces lieux ouverts et marécageux sont les analogues de notre plaine de Tarbes, qui développe le cheval mieux que la montagne proprement dite, sans lui enlever les caractères essentiels du *sang*. Dans la pensée de l'agronome romain, c'est un moyen de lutter contre la propension excessive du sol à produire le cheval grêle, aux pieds serrés.

# XI

### CAVALERIE ANTIQUE

Dans Homère, les chefs des guerriers combattent sur des chars, mais on ne voit pas de cavalerie ni de guerriers combattant à cheval. C'est l'Asie qui nous présente la première cavalerie organisée.

Nous ne mentionnerons que pour mémoire la puissance équestre avec laquelle Diodore met en campagne Sémiramis, pour faire la conquête de l'Inde, — cinq millions de fantassins, trois cent mille chevaux et cent mille chars armés de faux... Nous nous bornerons à souhaiter bonne chance à la splendide Amazone.

Cependant, c'est bien son royaume d'Assyrie qui nous présente la première cavalerie, laquelle céda la victoire à l'héroïque infanterie égyptienne de Thoutmès I<sup>er</sup>, et fut emmenée en Égypte pour y donner naissance à la race chevaline et à la cavalerie des bords du Nil.

La Perse proprement dite, où naquit Cyrus, n'avait pas de cavalerie. La joie du jeune prince fut extrême d'apprendre à monter à cheval, lorsqu'il fut amené, par sa mère, chez son grand-pèr Astyage, roi des Mèdes. « Car, dit Xénophon, i est rare de voir des chevaux en Perse, à cause de la difficulté de les élever et de s'en servir dans un pays de montagnes. » Mais, après la mort d'Astyage, quand la Médie devint l'héritage de Cyrus, la cavalerie fut une partie importante de la force de ses armées. La Médie, la Néséa, l'Hyrcanie, et les pays qu'il conquit, l'Assyrie, l'Arménie, la Cappadoce, lui fournirent d'amples remontes.

La bataille de Tymbrée, où Cyrus défit Crésus et mit fin à l'empire de Lydie, est la plus ancienne dont l'histoire nous ait fait connaître l'ordonnance avec quelque précision. L'armée de Cyrus, forte de cent quatre-vingt-seize mille hommes d'infanterie, de trente-six mille chevaux et de trois cents chars de guerre, avait devant elle une armée deux fois plus forte en infanterie, cavalerie et chariots. Des deux côtés, la cavalerie fut placée sur les ailes : chez les Lydiens, avec le dessein d'envelopper l'ennemi ; chez les Perses, avec celui de prolonger le mouvement circulaire des adversaires et d'affaiblir ainsi leur centre. Cette dernière disposition réussit et procura la victoire à Cyrus.

Les Grecs ne brillèrent pas par la cavalerie. Elle est absente, comme nous l'avons dit, des poèmes d'Homère. Dans la suite, et à partir des institutions de Lycurgue et de Solon, les citoyens des républiques s'occupèrent principalement à se fortifier par la gymnastique corporelle et par le maniement des armes ; ce qui leur donna une telle supériorité sur leurs ennemis que, dans la guerre Médique, il fut tenu qu'un Grec valait dix Perses. Les jeux Olympiques furent surtout dirigés vers le but d'augmenter la force, l'agilité, l'adresse des combattants. « O Athéniens! s'écriait Démosthènes, vous vous conduisez, dans vos guerres avec Philippe, comme un barbare quand il lutte. S'il reçoit un coup, il y porte aussitôt la main ; le frappe-t-on ailleurs, il y porte la main encore. Mais, de parer le coup qu'on lui destine, ou de prévenir son antagoniste, il n'en a pas l'adresse et même il n'y pense pas. Vous êtes, Athéniens, les plus forts de tous les Grecs en vaisseaux, en cavalerie, en infanterie, en revenus ; et vous ne savez vous prévaloir de rien à propos[1]. »

Mais l'hippodrome ne produisit pas sur la cavalerie un effet proportionné à son éclat. Les républiques d'Athènes et de Sparte, confiantes en la gymnastique de leurs citoyens, se bornèrent, dans l'origine, à former chacune un escadron de trois cents hommes, choisis parmi les plus riches. La bataille de Marathon n'offrit de cavalerie que du côté des Perses ; encore Miltiade en rendit-il l'action impossible, par ses habiles dispositions,

[1] 1re Philippique.

entre des montagnes et des abattis d'arbres. Quant aux Grecs, ils n'en avaient aucune, et ce fut un fantassin qui, surmontant la fatigue de combat, s'élança vers Athènes, éloignée de quinze lieues, et expira en annonçant la victoire.

L'armée innombrable avec laquelle Xerxès vint ensuite attaquer la Grèce comptait, dit Hérodote, quatre-vingt mille chevaux, non compris les chameaux et les chariots. Les diverses nations, rangées par escadrons, marchaient chacune à son rang. A cette formidable invasion, les Grecs opposèrent des vaisseaux et non des chevaux. A la bataille de Platée, Mardonius fit habilement manœuvrer sa cavalerie ; mais il fut tué dans l'action, et la victoire resta aux Grecs.

La guerre du Péloponèse développa peu à peu l'usage de la cavalerie, mais en de si faibles proportions que le chiffre de mille chevaux ne paraît pas y avoir été atteint. Les dix mille Grecs, qui combattirent pour le jeune Cyrus, à Cunaxa, n'avaient parmi eux aucun corps de cavalerie, et, en opérant leur fameuse retraite à travers des pays inconnus, ils n'eurent d'autre ressource, pour se faire éclairer, que des archers, des frondeurs, et cinquante hommes montés sur des chevaux dételés des bagages, vraisemblablement fort peu aptes à faire un service alerte.

Philippe organisa, le premier, une cavalerie de quelque importance avec les excellents chevaux de la Thessalie et de l'Épire. Son fils Alexandre entreprit la conquête de l'Asie avec une armée de trente-six mille hommes de pied et six mille chevaux. A mesure qu'il avança, ses forces augmentèrent en cavalerie par les remontes qu'il sut faire dans les pays conquis. A Arbelles, sa cavalerie comptait huit mille chevaux.

## XII

### CAVALERIE ROMAINE

La cavalerie des Romains commença, comme celles de Sparte et d'Athènes, par un escadron de trois cents hommes, institué par Romulus, et qui devint le noyau des chevaliers romains. Plus tard, la cavalerie se divisa en deux services : la cavalerie générale de l'armée qui fut placée sous le commandement d'un chef appelé *Magister equitum*; elle prenait ordinairement son poste sur les ailes, pour tourner l'ennemi et pour le poursuivre après la victoire ; — et la cavalerie légionnaire, appartenant à chaque légion ; elle était de deux à trois cents hommes par légion.

Sous les empereurs, le prestige de l'infanterie, qui avait fait la force de Rome conquérante, diminua. Les soldats n'étaient plus des citoyens entraînés dans le mouvement ascendant de la république, mais des hommes dégénérés auxquels il fallait des chevaux pour ranimer leur courage amolli. La cavalerie augmenta en nombre, mais diminua de qualité par la difficulté de se procurer un si grand nombre de bons chevaux, et aussi par l'infériorité morale des cavaliers.

## XIII

### CIRQUE DE ROME

Sous les empereurs aussi, les courses du cirque prirent un développement prodigieux et donnèrent carrière à des passions violentes.

Le bouillant Néron lui-même descendit dans l'arène :

> Il excelle à conduire un char dans la carrière,
> A disputer des prix indignes de ses mains,
> A se donner lui-même en spectacle aux Romains.

Plus tard, la cité universelle se partagea en deux camps hippiques : la faction des verts et celles des jaunes. Des efforts inouïs furent alors déployés pour la lutte, et le monde entier fut mis à contribution pour la victoire. « La patrie des chevaux vainqueurs, dit le savant Montfaucon, est marquée dans une foule d'inscriptions. Il y en avait des Gaules, d'Espagne, de Grèce, de Mauritanie. L'Afrique en fournissait plus que les autres pays. »

Ainsi les passions et l'épreuve, s'élevant au-dessus de la routine et du préjugé, firent arriver le cheval de sang sur l'hippodrome. A défaut de la race arabe qui n'était pas encore née, ce fut l'Afrique qui eut l'honneur d'inaugurer le cheval de sang dans la lice. On employa aussi les chevaux siciliens des environs d'Agrigente.

## XIV

### LA CAPPADOCE

Bientôt, cependant, un autre foyer fut découvert ; ce fut la Cappadoce, qui semble avoir été une oasis, restée pure, de l'antique production néséenne. « La Cappadoce, dit Strabon, avait jadis envoyé au roi de Perse, en tribut annuel, environ quinze cents chevaux, deux mille mulets et cinquante mille moutons. » Ce pays, entrecoupé de montagnes et de vallées, est sillonné par plusieurs projections du Taurus, dont le nœud principal, appelé mont *Argeus*, donnait naissance à de verdoyants pâturages. Les deux sources de l'Halys contournent cette montagne, et le Mélas, affluent de l'Euphrate, en arrose un troisième versant. Les villes de Nyssa, Parnassus, Cadyna, Césarée et Nora s'élevaient parmi cette Helvétie asiatique. Le géographe Solin, qui a parlé de l'Arabie et de ses produits, sans en mentionner les chevaux, n'oublie pas les haras de la Cappadoce, qu'il dit être la première terre du monde pour la production des chevaux. On présume que Solin vivait au IIe siècle de notre ère. L'ouvrage intitulé *Itinéraire d'Antonin* est réputé lui être de peu de temps postérieur. Cet itinéraire rapporte que, près de Thyana, de Cataonie, en Cappadoce, on remarque une villa, appelée Panpati, où se trouve un haras de chevaux renommés.

La translation de l'empire à Constantinople détermina surtout la vogue du cheval de Cappadoce. Le poète Claudien, qui florissait à Rome sous le règne de l'empereur Honorius, vers 420, est le chantre du rapide coursier de l'Argée.

... Volucrumque parens Argeus equorum.
In Rufin, lib. III.

Dans l'éloge de Serena, nièce de l'empereur Théodose et femme de Stilicon, le plus illustre capitaine de l'époque, le poète nous apprend que Stilicon, Goth d'origine, commença modestement sa carrière dans les haras de l'Argée, où se pratiquait le croisement de l'étalon cappadocien avec la cavale phrygienne, et réciproquement sans doute, en vue de produire les chevaux destinés aux écuries impériales.

...... Delectus equorum
Quos Phrygiæ matres, Argeaque gramina pastæ,
Semine Cappadocum sacris præsepibus edunt.

Non loin du mont Argée, les bords de l'Halys et ceux du Thermodon avaient été célèbres par les agiles coursiers des Amazones. Ces races diverses touchaient à celles de l'Arménie et de la Médie, que Claudien cite encore avec éloge à propos d'un cheval d'Honorius, provenant de cette origine, pour lequel la main de Serena avait brodé une housse éclatante. Et, au sujet d'une autre pièce de harnais, brodée de la même main, le poète énumère les pays les plus fameux alors par leurs chevaux : ce sont la Cappadoce, l'Espagne, la Thessalie et l'Afrique. Il se complaît ainsi à parcourir les lieux renommés par l'excellence de leur production chevaline, mais il ne peut arriver à nommer l'Arabie qui, deux siècles après, surgira si grande.

## XV

### EN ARABIE, AVANT MAHOMET

Le cheval arabe se présentant à la pensée comme le plus parfait dans la forme, le plus agile et le plus énergique dans l'action, le plus efficace dans la génération, il était naturel d'en conclure que ce merveilleux animal était le type primitif de la création, et qu'il était descendu du ciel sur ce sol mystérieux de l'Arabie, à la fois aride et privilégié. Mais les études, dont l'ancien Orient a été l'objet depuis le commencement de ce siècle, ne permettent plus de considérer le cheval comme autochtone en Arabie.

Nous avons vu précédemment que, si le cheval remonte à la plus haute antiquité, comme auxiliaire domestique et guerrier, chez les races aryennes et touraniennes, il n'en est pas ainsi chez les races sémites et kouschites. Ces dernières se sont répandues dans l'Afrique *noire*, où le cheval est encore inusité, si ce n'est sur certains points du littoral, colonisés par les Européens. Les Sémites ont occupé l'Arabie, la Palestine et l'Égypte. Il a été constaté que le cheval n'est arrivé chez les Égyptiens qu'à une époque relativement tardive dans l'histoire de ce peuple si anciennement connu.

Le cheval, au temps d'Abraham, ne se trouvait pas dans la terre de Chanaan ; il fut éloigné de la Judée par Moïse et ses successeurs jusqu'au temps du roi David. Les documents abondent pour prouver que le cheval n'exista pas en Arabie avant notre ère.

Hérodote, faisant le dénombrement de l'armée de Xerxès et de sa cavalerie, dit que les cavaliers arabes portaient le même habillement et la même armure que les gens de pied, mais ils avaient tous des chameaux dont la vitesse n'était pas moindre que celle des chevaux. Les Arabes occupèrent le dernier rang, pour ne point effrayer les chevaux. (L. VII, ch. 86, 87.)

Xénophon, l'hippologue, a traversé, avec l'armée des Dix mille, ce qu'il appelle l'Arabie, bien que ce fût l'extrémité de la Mésopotamie, sur la rive gauche de l'Euphrate. Ce pays désert avait tout l'aspect de l'Arabie ; il en observa, avec des yeux attentifs, le caractère, nouveau pour lui; il y reconnut les chameaux, les onagres, les gazelles, les autruches; mais il n'y a pas vu de chevaux dignes d'attirer son attention. Pomponius Méla énumère les productions de l'Arabie, mais il se tait sur les chevaux. Diodore de Sicile fait de même. Pline, qui sait tout, touche à tout, parle de tout, et qui, dans sa longue histoire, revient vingt fois sur l'Arabie, ne trouve rien à dire de ses chevaux.

Strabon est plus explicite ; il les exclut. « Les dernières contrées de l'Arabie, dit-il, vers le Midi, sont fertiles et le bétail y est abondant, mais on n'y trouve ni chevaux, ni mulets, ni porcs. » Il dit la même chose du pays des Nabathéens, peuple qui occupait le versant de la chaîne arabique, depuis la mer Morte jusqu'au lieu où se trouve aujourd'hui Médine. « Les moutons y sont blancs, les bœufs de grande taille (ce qui est fort étonnant dans ce pays sec), mais il n'y a pas de chevaux ; les chameaux en font l'office. »

Strabon nous apprend aussi qu'en l'an 24 de Jésus-Christ, Auguste ordonna à Ælius Gallus, gouverneur de l'Égypte, de se transporter avec une armée en Arabie, de parcourir et soumettre le pays. Gallus traversa l'Arabie pendant huit mois, dans tous les sens ; et, de retour en Égypte, il fut visité par son ami Strabon, avec lequel il remonta le Nil jusqu'à Syène, et lui affirma qu'il n'avait pas vu de chevaux en Arabie.

Enfin le prophète Ezéchiel, énumérant les richesses que l'Arabie fournissait au commerce de Tyr, et qui étaient considérables et variées, omet les chevaux.

Toutes ces données, si concordantes entre elles, coïncident en outre avec les indications primitives, établissant que les races sémitiques, répandues dans l'Arabie, la Palestine et l'Égypte, ne possédaient pas de chevaux, et qu'elles les ont reçus d'autre part.

## XVI

### MAHOMET

L'apparition du cheval en Arabie a dû précéder de peu de temps Mahomet. Ammien-Marcellin, au IVe siècle, est le premier qui en fasse mention. Le cheval a dû arriver de Perse ou d'Assyrie en bonne condition de noblesse. Le climat arabe, celui du Nedjed en particulier, est doué de cette force tonique qui réduit la lymphe, condense les tissus, non seulement chez le cheval, mais chez les autres animaux, chez l'homme lui-même. Les Arabes ont secondé la nature dans le perfectionnement de leurs chevaux. Appréciant son utilité dans le désert, si pénible à traverser, ils ont vu en lui un auxiliaire non moins avantageux que le chameau, mais complétant le service de celui-ci par la vivacité et la souplesse, par l'ardeur et le courage dans le combat. Ils ont compris de suite l'importance des générations choisies, de la nourriture qui devait être artificielle en grande partie, le désert n'offrant de pacage qu'en hiver et ne pouvant sustenter le cheval pendant le reste de l'année. Il fallut partager avec lui l'orge et les dattes, récoltées pour la famille. De là, un dressage facile et une intimité de tous les instants entre le cheval et son maître. De ce sol, de ce climat, de ce régime, de cette familiarité est sorti le cheval le plus élégamment établi, le plus ardent, le plus énergique, le plus intelligent et le plus sympathique que la terre ait jamais porté.

Tout ceci n'existait qu'en germe quand parut Mahomet, en 622, date de sa fuite de la Mecque, et date aussi de l'Hégire. L'Arabie possédait peu de chevaux, et Mahomet n'en avait aucun dans la petite troupe qui accompagna sa fuite, mais seulement quelques chameaux. L'année suivante, il combattit contre les Koreischites, avec une armée de trois cents hommes, soixante-dix chameaux et trois chevaux seulement. Les Koreischites prirent leur revanche l'année suivante. Ils avaient trois mille hommes dont deux cents cavaliers, et Mahomet seulement sept cents hommes et deux chevaux. En l'an V de l'Hégire, il battit une tribu juive de l'Hedjaz ; il avait alors vingt-six cavaliers. Lors du partage du butin, chaque homme reçut un lot, mais deux lots furent attribués à chaque cheval. Mahomet voulut, par là, attirer des cavaliers dans son armée, et cet expédient lui réussit.

Au combat de Kaïbar, son armée était de quatorze cents hommes dont deux cents cavaliers. Les dépouilles de l'ennemi furent divisées en dix-huit cents lots; chaque fantassin eut une part; chaque cavalier reçut trois parts, dont une pour lui et deux pour son cheval. Les cavaliers, montés sur des chevaux de race noble, reçurent en outre une gratification[1].

La prise de la Mecque, en l'an V, ajouta un tel prestige à sa mission que, en peu de temps, ses forces montèrent à trente mille hommes, dont dix mille cavaliers. C'est l'état dans lequel il laissa ses affaires lorsqu'il revint mourir à Médine en l'an X de l'Hégire.

La carrière de Mahomet fut courte et laborieuse, comme on le voit. Mais, au milieu de ses préoccupations politiques et religieuses, il ressentit un vif amour pour le cheval, dont il apprécia l'utilité pour le triomphe de sa cause. Il lui donna une place dans sa législation et nous pourrions dire dans son culte. En prescrivant des devoirs à remplir envers le noble animal, il sentit qu'il flattait la passion des Arabes et qu'il assurait, pour le triomphe de sa religion, le concours du cavalier et de son cheval. Aussi le cheval fut-il un puissant auxiliaire de la fortune de l'Islamisme. On peut dire que le cheval arabe, auparavant inconnu, fut révélé par Mahomet, qu'il fit triompher le Coran et qu'il triompha par le Coran. La poli-

---

1. Piétrement, *Domestication du Cheval.*

tique de Mahomet fut, à cet égard, toute différente de celle de Moïse, qui, voulant faire des Hébreux un peuple pacifique et cultivateur, en éloigna le cheval, considéré alors comme engin de guerre. Mahomet, au contraire, fondant le succès de sa religion sur la guerre, et sans doute aussi sur le pillage, qui était un goût inné parmi les Arabes, encouragea l'amour du cheval chez ses croyants. Les deux parts attribuées au cheval dans le partage du butin ont continué d'être observées pendant tout le temps que dura la conquête.

Grâce à de telles dispositions, la cavalerie de l'armée arabe devint de plus en plus nombreuse et formidable. Et il semble que l'homme et le cheval furent embrasés d'une même ardeur, quand ils se ruèrent sur le monde pour conquérir, en soixante-dix ans, autant de pays que les Romains, avec leur tactique et leur persévérance, en avaient soumis en sept siècles.

Mais, pour l'histoire de leur cheval, les Arabes n'admettent point les mesquines proportions de la science et de la critique. Le génie des *Mille et une Nuits* leur fournit de bien autres données. Dans la péninsule arabique, comme dans le Sahara africain, une même légende attribue au cheval une origine merveilleuse. Selon cette légende, quand Dieu voulut créer le cheval, il dit au vent du Sud : « Je veux faire de toi une créature, condense-toi ! » —

Et le vent se condensa. — Puis vint l'ange Gabriel, qui prit une poignée de cette nouvelle matière et la présenta à Dieu, lequel en forma un cheval bai brun ou alezan brûlé (*koummite*, rouge mêlé de noir). Et Dieu dit : « Je t'ai appelé cheval (*frass*), je t'ai créé Arabe, je t'ai donné la couleur koummite, j'ai attaché le bonheur aux crins qui tombent entre tes yeux. Tu seras le seigneur de tous les autres animaux ; les hommes te suivront partout où tu iras ; sur ton dos reposent les richesses, et le bien arrivera par ton intermédiaire[1]. »

Le premier qui monta à cheval fut Ismaël, père de la nation arabe.

La race noble d'Arabie provient d'un cheval donné par Salomon à la tribu arabe des Asdeds, qui était venue complimenter ce grand prince sur son mariage avec la reine de Saba. Ils lui demandèrent des provisions pour le retour ; Salomon leur donna un cheval nommé *Zad-el-Rakeb*, — ou le viatique du voyageur. Chaque soir, pendant le voyage, un habile cavalier monté sur ce cheval, rapportait, pour le souper, des gazelles, des autruches, des zèbres. Ce merveilleux animal, consacré à la reproduction, est le père de toutes les familles nobles de l'Arabie et du Sahara.

Telle est la version des Arabes. On croira tout

---

1. *Lettre d'Abd-el-Kader*, publiée par le général Daumas. (*Chevaux du Sahara.*)

cela si l'on veut : *Ex ingenio suo quisque demat vel addat fidem,* comme dit Tacite.

« Ne point faire naître le cheval selon la loi commune, ajoute le général Daumas, envelopper, au contraire, sa création d'un symbolisme qui échappe à l'histoire naturelle, pour s'égarer dans les mystères de la légende, le mettre ainsi sous la sauve-garde d'un respect religieux, c'était bien comprendre, et le résultat l'a prouvé, l'esprit du peuple sur lequel Mahomet voulait et devait agir. »

Le Coran, en parlant des chevaux, les appelle *El-Kéir* (le bien par excellence). On ferait un volume des phrases détachées du livre sacré ou des *Hadites* du prophète (de ses conversations conservées par la tradition), qui imposent, comme un devoir religieux, l'amour du cheval aux Musulmans. En voici quelques passages :

« Les bénédictions, les bons succès et un riche butin sont attachés au toupet des chevaux jusqu'au jour de la résurrection.

« Celui qui entretient un cheval pour la guerre sainte, dans la voie du Dieu Très-Haut, augmente le nombre de ses bonnes œuvres.

« Quiconque fait des sacrifices pour préparer un cheval à la guerre sainte sera traité dans l'autre monde comme un martyr.

« Dieu vient en aide à ceux qui s'occupent des

chevaux, et il allège les dépenses qu'on fait pour eux.

« Chaque grain d'orge qu'on donne au cheval est inscrit par Dieu dans le registre des bonnes œuvres.

« Les martyrs de la guerre sainte trouveront, dans le paradis, des chevaux de rubis, munis d'ailes, qui voleront au gré de leurs cavaliers[1]. »

Après ces fantaisies de la science musulmane, qui ont pourtant leur côté respectable, puisqu'elles ont contribué à produire l'admirable cheval du désert, rentrons dans les idées positives de l'Europe avec quelques emprunts à M. Gayot :

« La vérité est, dit l'habile hippologue, que le cheval noble d'Arabie, tribu d'ailleurs peu nombreuse et très distincte parmi la population chevaline de la contrée, est la perfection du cheval primitif, soumis, depuis des siècles, à des soins tout particuliers, à une culture très rationnelle et très attentive, dans un milieu et dans des circonstances particulièrement favorables au développement concentré, à l'exaltation justement pondérée de toutes les qualités inhérentes à l'espèce même du cheval. Il est la plus haute expression des besoins qu'il a été appelé à remplir au sein d'une civilisation immuable ; ce qui l'a fait invariable

---

1. *Les Chevaux du Sahara.*

comme elle, et a mis en lui, à un degré éminent, les deux traits caractéristiques du type, — l'homogénéité et la constance, qui donnent le pouvoir héréditaire par excellence.

« Ces qualités, ces dons précieux, dus aux soins intéressés de l'homme, ont fait élever le produit de son industrie au niveau d'un chef-d'œuvre de la création, et l'on s'est habitué à ne voir, dans le cheval arabe pur, que le cheval de la nature. Sa race est supérieure à toutes les autres, parce qu'elle est l'expression de la plus haute condition à laquelle puisse arriver l'espèce, parce qu'elle a conservé, comme un dépôt sacré, le germe de tous les perfectionnements utiles et désirables, parce qu'elle est encore la source féconde de toutes les modifications de formes et des aptitudes variées que peuvent rendre nécessaires les besoins toujours changeants de l'homme.

« L'excellence du cheval arabe de premier sang tient à ce que les qualités fondamentales de l'espèce, que les facultés les plus intimes de sa nature trouvent dans les conditions de sa structure, dans l'agencement de toutes les parties du corps, dans son enveloppe enfin, la combinaison physique la plus heureuse, les proportions les plus justes et les plus appropriées à leur entier développement. Du premier coup d'œil, on sent qu'il est bâti pour la durée, pour la résistance. Chez lui, une harmonie exacte réunit et lie solidement entre elles toutes les régions pour des actions soutenues et prolongées. Dans cette organisation, tout est au titre le plus élevé, tout est bien à sa place, tout se trouve dans un équilibre parfait.

« L'Orient possède plusieurs familles chevalines de haute distinction. Bien que chacune d'elles ait un nom propre, toutes semblent se rattacher à une dénomination générique, celle de KOHEL, qui implique toujours la qualité de pur sang. Le Kohel, le Kochlani et leurs congénères frappent l'attention par la correction des lignes, la parfaite élégance des formes et les indices irrécusables de la puissance. Nul cheval n'est mieux placé, ne se montre plus beau.

« Tel est le cheval arabe, étudié dans sa perfection. Aussi bien doué que cela, on le trouve difficilement, et les voyageurs qui l'ont vu, s'accordent sur ce point, que fort peu d'individus, appartenant aux familles d'élite, sont sortis de l'Orient et sont venus en Europe[1]. »

M. Perron, dans sa traduction du Nacéri, fait observer que les titres Kohel, Kochlani, ou Khalani sont relativement modernes, qu'ils étaient inconnus au temps du sultan El-Nacer, au XIVe siècle ; on

---

[1]. Gayot, article CHEVAL, dans l'*Encyclopédie de l'Agriculteur*.

se servait alors des mots *Safinah* et *Atik* pour qualifier le pur sang. On désignait aussi les chevaux par le nom des tribus qui les possédaient, ou des contrées qui les avaient vus naître.

Après Mahomet, le cheval a été recherché et cultivé par ses successeurs les Califes, et par tous les chefs de l'Islamisme, autant qu'il fut chéri du simple Bédouin. Cette unanimité n'a pas peu contribué, le sol et le climat aidant, à l'amener à sa perfection, car, comme le dit M. Perron, « le cheval arabe, en outre du climat, est le produit de l'éducation ; il est un perfectionnement acquis par l'œuvre de l'intelligence humaine. »

Ajoutons avec le général Daumas :

« Il vit entre le ciel et le sable. Appelez-le Arabe, Turc, Persan, etc., peu importe, toutes ces dénominations ne sont que des prénoms : le nom de la famille est « *cheval d'Orient* ». Nous faisons, cependant, une réserve, c'est que le pur sang arabe domine toute la famille orientale. »

## XVII

### LE SULTAN EL-NACER

Mais parmi les califes et les princes musulmans, aucun n'a manifesté une aussi grande et aussi noble passion pour le cheval que le sultan El-Mélik-el-Nacer, de la première dynastie des Mamelouks Baharites, qui domina en Égypte pendant une partie du xiiie et une partie du xive siècle. El-Mélik-el-Nacer, fils du sultan Kélaoun, fut appelé au trône en 1293, après la mort de son père, qui venait d'être poignardé par l'une de ses odalisques. Le règne de Nacer est, de tous ceux que nous présente l'histoire de l'Égypte musulmane, le plus remarquable par les vicissitudes variées et les révolutions successives qui en agitèrent la première partie, et par la longue paix qui fut employée à en honorer la fin.

De 1293 à 1310, El-Nacer fut détrôné trois fois par des intrigues de palais, suscitées contre son enfance et sa première jeunesse. Enfin, quand il saisit les rênes à l'âge de vingt-cinq ans, il sut les tenir d'une main ferme.

Il employa glorieusement les trente années qu'il passa encore sur le trône à des travaux utiles, et il ajouta un grand éclat à son règne par son goût pour les chevaux, par ses établissements équestres, et par le grand nombre de chevaux distingués qu'il fit affluer en Égypte. Le maître de ses écuries, Abou-Bekr-Ibn-Bedr, consacra à sa gloire un livre intitulé, du nom de son maître, EL-NACÉRI. M. Perron nous a donné une traduction, avec commentaires, de ce curieux ouvrage qui contient l'histoire hippique d'El-Nacer, fondue dans un traité d'hippologie arabe¹.

Le climat et le sol de l'Égypte ne reproduisent pas le cheval arabe dans toute sa perfection² : aussi El-Nacer ne put-il se contenter de la production des bords du Nil ; il s'adressa surtout aux tribus des Arabes Béni-Mouhanna et Béni-Fadl, qui habitaient la Syrie. Ces deux tribus étaient de la même souche, et d'origine *Taïida* ; elles étaient, par conséquent, venues du Nedjed qu'elles avaient quitté depuis trois siècles, au temps de Nacer. On fait remonter leur émigration au x$^e$ siècle. Mouhanna, dont le nom resta celui de la tribu, était fils de Fadl, qui fut aussi le père de la tribu des Béni-Fadl. Les deux tribus étaient deux sœurs.

---

1. Le Nacéri, *la Perfection des Deux Arts,* ou *Traité d'hippiatrie arabe,* traduit de l'arabe d'Abou-Bekr-Ibn-Bedr, par M. Perron, ancien directeur de l'École de médecine du Caire. 3 vol. in-8°, 1852, 1859, 1860.

2. En 1850, M. Pétiniaud, inspecteur général des haras, en mission en Orient, pour acheter des étalons et des juments arabes, fut reçu à Kouët ou Gran, port du golfe Persique, par Ben-Béder, courtier de chevaux arabes, pour le gouvernement de l'Inde anglaise. Celui-ci lui ayant appris qu'il venait de vendre au vice-roi d'Égypte une poulinière petite et boiteuse, mais du plus pur sang du Nedjed, pour la somme de 40,000 francs, M. Pétiniaud dit à Ben-Béder : « Ne craignez-vous pas d'avoir, par ce marché, appauvri le Nedjed au profit de l'Égypte? » Ben-Béder répondit : « Emporte! Emporte! Tu n'emporteras pas le climat. Cette jument ne pourra faire en Égypte ce qu'elle aurait pu faire au Nedjed. » M. Pétiniaud m'a raconté lui-même cet entretien, qu'il avait, du reste, consigné sur son carnet de voyage.

4.

El-Nacer traitait magnifiquement ces Arabes et les intéressait à lui, en achetant leurs chevaux à des prix élevés. Par suite, les Arabes Mouhanna mirent tout en œuvre pour lui procurer les meilleurs chevaux. Non seulement ils lui présentèrent l'élite de ceux nés dans leurs campements, mais ils en firent venir du Nedjed et des bords du golfe Persique et de diverses contrées de l'Arabie, toujours en vue de lui adresser des chevaux des plus nobles lignées.

El-Nacer avait une connaissance parfaite des chevaux, de leurs défauts, de leur noblesse et descendance de famille.

Les chevaux de race pure se nommaient, en ce temps-là, « Atik, » et quelquefois aussi « Safinah. » Le cheval sans race était dit : *Berzaïn;* c'était le cheval de gros service, de service ordinaire. Les califes, les émirs en avaient tous en nombre, et en faisaient même des présents. Les *Hédjin* et les *Moucrif* étaient des métis, méprisés en raison de la mésalliance à laquelle ils devaient leur naissance; enfin, au dernier degré, se trouvait le *Naril* ou *Kadish,* cheval ignoble.

« Il est, dit le Nacéri, une différence essentielle et caractéristique entre le *Atik*, cheval de pur sang arabe, et le *Berzaïn*, privé de ce sang : c'est que l'os du cheval de haute race est plus solide et plus compact et, par conséquent, d'un poids plus considérable que les os du Berzaûn. Le Berzaûn porte sur le dos une masse plus pesante que ne peut porter le Atik, mais le pur sang est plus rapide. »

La même observation a été faite, en Angleterre, sur la différence de densité, de force et de poids des os, et la conclusion est restée à l'avantage du cheval de pur sang, dont l'os est plus fort et plus pesant que celui, plus gros, du cheval de trait. Il y a, dit-on, entre les deux, la différence de la poutre de chêne à la poutre de peuplier.

« Mais il est à remarquer, dit M. Perron, que dans les écrits des Arabes de cette époque, il n'est pas une seule fois mention de « Kohel, Khalani, Kochlani, » c'est-à-dire des noms des souches considérées comme les principes de ce qu'il y a aujourd'hui de plus pur sang arabe. Nous avons donc à déduire, dès maintenant, une grave conséquence, — savoir que, jusqu'à l'époque du sultan El-Nacer, fils de Kélaoûn, et même jusqu'à celle de la seconde dynastie des Mamelouks ou sultans circassiens, les familles des Kohels ou Khalanis étaient inconnues.

« Il est seulement à croire que les célèbres chevaux Mouhanna d'El-Nacer et les nombreuses importations de chevaux de race, qui furent faites par les Arabes de la Syrie orientale, ont dû enfanter et produire successivement les fameux chevaux Anazés d'aujourd'hui. Car les Arabes Mouhanna furent, pour ainsi dire, les maquignons en chef du sultan El-Nacer, et, pendant plus de trente ans, firent arriver chez eux, en Syrie, les chevaux de tous les points de l'Arabie. »

El-Nacer fit construire quatre hippodromes entre lesquels étaient répartis ses écuries, ses manèges, ses haras, car, non seulement il achetait des chevaux pour la course, les carrousels et autres exercices, mais il rassemblait aussi les poulinières les plus nobles qu'il pût se procurer, et s'efforçait de créer une race, en Égypte, à travers les difficultés du climat. L'un des hippodromes était consacré aux poulains, pour leurs premiers exercices. Le sultan avait une habitation près de chaque hippodrome. Un grand écuyer avait la surintendance de cette vaste administration, qui s'étendait sur trois mille chevaux et sur leurs écuyers, leurs palefreniers, ouvriers et aides de toute sorte.

Sur des registres étaient inscrits les chevaux achetés, avec leurs noms, ceux des vendeurs et la date de la prise de possession. Le sultan eut habituellement trois mille chevaux dans ses écuries; il en laissa quatre mille à sa mort. Chaque jour, il se rendait à l'un ou l'autre de ses hippodromes, en visitait les écuries et les chevaux; puis il assistait aux courses, aux exercices et aux carrousels; souvent il s'y mêlait lui-même et faisait briller son adresse à manier le cheval, à enlever la bague, à lancer le javelot, ou faire jouer le sabre.

Aux jours de fête, il arrivait en grande pompe, accompagné de pages magnifiquement montés, vêtus et armés ; un brillant état-major l'entourait ; et, à la fin des exercices, il faisait de grandes largesses en bijoux, en armes, en vêtements et même en chevaux.

La magnificence équestre et les dépenses qu'elles supposent, d'après le Nacéri, semblent être fabuleuses et l'on serait tenté d'en conclure que l'Égypte fut épuisée au profit des chevaux. Cependant, le savant orientaliste, historien de l'Égypte du moyen âge, M. Marcel, qui fut membre de l'Institut d'Égypte, directeur de l'Imprimerie au Caire, pendant l'occupation française, et directeur de l'Imprimerie impériale jusqu'en 1814, ne dit pas un mot des dépenses de Nacer pour ses chevaux, et semble ne pas s'être aperçu de ce côté splendide du règne. Il loue Nacer de son gouvernement pacifique, et dit : « Cette tranquillité lui permit d'améliorer le sort de l'Égypte, si longtemps accablée par les guerres civiles et étrangères. Le Caire lui doit un grand nombre d'établissements utiles ; il creusa des canaux, bâtit des mosquées, un observatoire et des palais, fonda des hôpitaux, des collèges, établit des fontaines [1]. » Ainsi ce

---

1. *Histoire de l'Égypte, depuis la conquête des Arabes jusqu'à l'expédition française*, par J.-J. Marcel, de l'Institut d'Égypte, page 172.　　　　　　　　　　(*Univers pittoresque*.)

grand homme de cheval fut aussi un grand prince qui répara en Égypte les malheurs des règnes précédents; mais il fut impuissant à conjurer ceux des règnes qui le suivirent. Après lui, les magnificences équestres s'évanouirent comme un songe. L'Égypte devint de plus en plus la proie des indociles Mamelouks, rapaces vautours, qui ne se recommandèrent jamais que par la magnificence de leurs chevaux.

## XVIII

### LE CHEVAL BARBE

Quelle est l'origine du cheval barbe? Nous avons vu que le roi d'Égypte, Thoutmès III, étendit ses conquêtes le long du littoral africain, jusqu'aux Colonnes d'Hercule; il a dû y coloniser des chevaux, tirés de son armée. Ceux-ci étaient originaires d'Assyrie, ayant été amenés de ce pays en Égypte par Thoutmès Ier.

Les Phéniciens, qui fondèrent diverses colonies, sur le littoral d'Afrique et aussi en Espagne, ont dû doter leurs colonies du cheval syrien.

L'histoire romaine nous apprend que les Numides possédaient une cavalerie redoutable par sa légèreté, composée de petits chevaux que les cavaliers montaient sans selle et dirigeaient sans bride, et cette cavalerie attaquait les légions romaines. Voilà des présomptions, d'abord, des preuves, ensuite, que le nord de l'Afrique a été très anciennement colonisé par des chevaux de sang oriental.

Vient enfin la conquête arabe, renouvelant la marche immense de Thoutmès III. Elle trouva le pays garni de chevaux, et de si bons chevaux, que Moussa, commandant l'armée envahissante, jugea à propos d'en former un convoi qu'il adressa, comme un don précieux, au calife d'Égypte, son souverain.

Le cheval barbe existait donc avant l'invasion sarrasine. Il possédait de grandes qualités; ce qui n'a pas empêché qu'il ne reçût une amélioration nouvelle par le croisement des chevaux arabes. Il a rencontré, en outre, deux autres principes de perfectionnement. Le premier est la religion de Mahomet, recommandant à ses croyants l'amour du cheval, le choix des générations, le soin de l'élevage et du dressage; et l'autre est l'extension dans le Sahara, désert semblable à celui du Nedjed, avec un sol et un climat à influences toniques, réduisant la lymphe, exaltant le système nerveux, et fait pour donner au cheval un corps de fer et une âme de feu.

Les conditions physiques et morales se sont donc trouvées les mêmes dans le Sahara qu'en

Arabie, même nature de sol et de climat, même élevage musulman, fanatique du cheval. Les mêmes causes ont dû produire les mêmes effets : cheval de même taille et de même vigueur sur l'un et l'autre point; la forme seule a pu varier.

Le cheval d'Arabie a, dans notre pensée, plus d'élégance et plus de tableau. L'ensemble harmonieux de sa tête, de son encolure, de ses reins, de sa queue, le feu de son regard, le jeu de ses jambes, ses fiers hennissements, tout en lui nous flatte, comme une musique suave, ou même nous anime, comme le son de la trompette.

La tenue du cheval barbe est plus modeste; son encolure épaisse nuit à l'expression de la tête, sa croupe presque déclive, sa queue attachée bas et tombante lui donnent un air morne, mais cette humble apparence recèle d'éminentes qualités.

« Ce qui est certain, dit le général Daumas, c'est que le cheval barbe doit au ciel sous lequel il se développe, à la nourriture qu'on lui donne, aux fatigues qui lui sont familières, une vigueur qui lui permet d'égaler, sinon de surpasser les chevaux les plus vantés de la Perse et de la haute Égypte.

« Les Arabes du Sahara se livrent avec passion à l'élève des chevaux. Ils savent ce que vaut le sang; ils soignent leurs croisements; ils améliorent leurs espèces; l'amour du cheval est passé dans le sang arabe; ce noble animal est le compagnon d'armes et l'ami du chef de la famille.

« Les bons chevaux se trouvent de préférence dans le Sahara. Les populations qui habitent ce désert ne destinent leurs chevaux qu'à faire la guerre ou à lutter de vitesse. Aussi ne les appliquent-ils ni à la culture ni à aucun autre exercice que le combat. C'est pour ce motif que, à peu d'exceptions près, leurs chevaux sont excellents.

« Dans le Tell, au contraire, la plupart des Arabes emploient leurs chevaux à la culture. Ils étaient d'ailleurs exposés aux razzias et au pillage des Turcs, ce qui rendait les bons chevaux fort rares chez eux, tandis que les habitants du Sahara se soustrayaient à ces ravages par l'éloignement de leur pays et la difficulté de les poursuivre dans le désert.

« Le sol et la nourriture n'améliorent pas le cheval mauvais ou seulement médiocre, disent les Bédouins; mais, si le cheval de race pure est élevé dans les montagnes ou dans les terrains pierreux, il est doué d'une force et d'une patience plus grandes qu'un cheval élevé dans la plaine. »

C'est pour cela qu'un cheval d'origine pure, qui est élevé dans le Sahara, est préférable au même cheval élevé dans le Tell. Le premier, en effet, différent en cela du cheval du Tell, est soumis à la fatigue de courses considérables, à la soif, à la aim, ce qui le rend toujours prêt à donner ce qu'on lui demande.

« Le cheval du Sahara, dit le général Daumas, est apte à faire des courses de cinquante à soixante lieues en vingt-quatre heures. » Le général cite même une course de quatre-vingt-cinq lieues, exécutée dans ce même espace de temps.

Voici le portrait que les Arabes donnent du cheval de race « Chareb-el-Rehh, » le buveur d'air :

« Il est bien proportionné, a les oreilles minces et mobiles, les os lourds, les joues dépourvues de chair, les naseaux larges, les yeux noirs, beaux et à fleur de tête, l'encolure longue, le poitrail en avant, le garrot saillant, les reins ramassés, les hanches larges, les côtes de devant longues et celles de derrière courtes, le ventre évidé, la croupe arrondie, les rayons supérieurs longs, les crins fins et fournis, la chair dure, la queue grosse à sa naissance, déliée à son extrémité.

« Les races estimées, dans la partie occidentale du Sahara algérien, sont au nombre de trois : celles de *Haymour*, de *Bou-Gareb* (père du garrot) et de *Mérizique*.

« Les Haymours sont les plus recherchés ; généralement bais, ils sont d'une belle conformation, bien étoffés et pourtant très légers. Ils passent pour les plus vites coureurs du Sahara. Ils se conservent sans tares jusque dans un âge très avancé. Ils portent bonheur et ne sont possédés que par les familles les plus riches et les plus nobles.

« Les Bou-Gareb donnent des produits blancs d'une grande taille. Ils courent très longtemps sans se fatiguer, mais sont moins vites que les Haymours.

« Les Mérizigues ont moins de taille que les précédents; ils sont solides, bien membrés, très sobres. Ils sont surtout recherchés des cavaliers qui ont de longues courses à fournir et de grandes fatigues à supporter [1]. »

La race barbe a fourni beaucoup de chevaux à la France pendant les XVI$^e$, XVII$^e$ et XVIII$^e$ siècles. Des marchands juifs les amenaient dans les ports de la Provence et du Languedoc, d'où ils se répandaient dans tout le royaume. Ils étaient fort recherchés pour la chasse, pour la guerre, et surtout pour l'équitation, alors objet de grandes études. On leur préférait cependant les chevaux d'Espagne; mais ceux-ci étaient difficiles à se procurer, tandis que, selon l'écuyer René de Menou, les barbes se présentaient plus nombreux, et il y avait peu de gentilshommes qui n'en possédassent dans leurs écuries.

Newcastle nous a tracé du cheval barbe un portrait fort original :

---

1. *Chevaux du Sahara.*

« Le barbe, dit-il, est celui qui approche le plus du cheval d'Espagne, en sagesse : il est d'une nature fort gentille et fort docile et, de plus, il est nerveux et léger. C'est un cheval aussi agréable qu'on puisse voir, mais un peu mince et délié, ayant quelque choses des dames de qualité. Il est si froid et si négligent qu'il bronchera dans un jeu de boule. Il trotte comme une vache et il galope si près du tapis qu'il n'a aucun mouvement si l'art et les leçons ne lui en donnent. Il est, pour l'ordinaire, nerveux, d'une grande force et d'une grande haleine, propre enfin pour endurer un grand travail, dans une occasion. Il n'est point de cheval qui aille mieux que lui, dans un manège, à toutes sortes d'airs. »

Ce portrait assez bizarre se termine par une conclusion remarquable : dans les croisements avec la jument d'Europe, « l'étalon espagnol est préférable pour produire les chevaux de manège ; mais le barbe est bien supérieur pour produire le cheval de course. »

Tous les écuyers sont d'accord pour nous représenter les chevaux barbes comme petits et légers, mais maniables et dociles ; froids sous le cavalier, mais infatigables et doués d'une haleine inépuisable, toutes qualités qui les distinguent encore aujourd'hui.

La race barbe a eu l'insigne honneur de contribuer, pour une part importante, à la constitution de la race de pur sang en Angleterre. C'est à sa provenance que l'on attribue le fameux étalon Godolphin-Arabian. Les premières poulinières de pur sang furent généralement qualifiées « Barbary-Mares. »

## XIX

### LE CHEVAL ESPAGNOL

L'origine des chevaux espagnols semble devoir se confondre avec celle des chevaux barbes. Ils ont pu, comme ces derniers, recevoir leurs premiers éléments des chevaux amenés d'Assyrie en Égypte par les victoires de Thoutmès I<sup>er</sup>, et d'Égypte sur le littoral méditerranéen d'Afrique par l'invasion de Thoutmès III. Cette première assise a été fortifiée par les chevaux syriens que les Phéniciens et les Carthaginois ont introduits dans leurs colonies ibériques de Gadès et de Carthagène. Strabon, sur la foi du voyageur Posidonius, son ami et son compatriote, décrit les chevaux espagnols de son temps comme semblables à ceux des Parthes, pour leur forme, leur élégance et leur vitesse; ce qui confirme l'origine orientale, déjà indiquée par l'action égyptienne et par les colonies phéniciennes.

Enfin, après la conquête musulmane, le cheval

d'Espagne, tant indigène qu'importé par l'armée arabe, s'est trouvé sous la protection de l'Islam, et a dû profiter de toutes les recommandations du Coran et des traditions de Mahomet. Les Sarrasins n'ont cessé d'être en guerre, soit contre les Espagnols, soit contre l'Aquitaine, la France, la Narbonnaise et même la Provence. La guerre sainte contre les Infidèles exigeait pour eux le culte du cheval comme celui de la fabrication des armes ; aussi ont-ils perfectionné le cheval d'Andalousie sur le modèle de l'Arabie, en même temps qu'ils fabriquaient les armes de Tolède à l'instar de celles de Damas.

Le cheval espagnol qui, du temps de Strabon, brillait surtout dans la Celtibérie et la Lusitanie, s'est concentré dans l'Andalousie, sous les Maures, parce que là fut le siège le plus solide et le plus durable de leur puissance.

Les califes Ommiades de Cordoue qui, à travers leurs incessantes révolutions de palais et de guerres intestines, aussi bien qu'à travers les guerres étrangères, signalèrent leur magnificence envers les arts, les lettres et les sciences, ne négligèrent pas le cheval. Ils en firent l'objet de leur pompe courtoise aussi bien que de leur force militaire. Ils établirent ou favorisèrent des haras de chevaux d'élite. Ils fondèrent le haras de Cordoue, qui a été continué par les rois d'Espagne. Des grands seigneurs et même des monastères établirent aussi des haras, après l'expulsion des Maures, et contribuèrent à maintenir le grand renom de la race espagnole.

Les chevaux d'Espagne furent l'objet de la plus grande recherche pendant le moyen âge. Ils étaient la monture favorite des rois, des princes et des chefs d'armées. Guillaume le Conquérant en montait un à la bataille d'Hasting. Il lui avait été donné par un roi d'Espagne[1].

Tous les écuyers, depuis le XVIe jusqu'au XVIIIe siècle, se sont accordés pour placer le cheval d'Espagne au-dessus de tous les autres. Ils exaltent en lui la magnificence, le courage et, par-dessus tout, la docilité. La première de ces qualités était surtout recherchée pour les pompes royales et les entrées triomphales dans une ville; la seconde pour la guerre et les tournois, et la troisième pour les exercices d'équitation. Cette dernière qualité, si prisée des écuyers, remontait sans doute aux principes d'éducation familière dont la tradition s'était conservée depuis le temps des Maures et des califes de Cordoue.

---

1.     Sun boen cheval fist demander,
       Ne poait l'en meillor trover;
       D'Espaigne li out envéié
       Vn reis par mult grant amitié.
                    (WACE, Roman de Rou.)

« Vous saurez, dit Newcastle, que de tous les chevaux du monde, ceux d'Espagne sont les plus sages, mais si extraordinairement sages que cela passe l'imagination. Si ce cheval est bien choisi, je vous le garantis le plus noble du monde; car il n'en est point de mieux taillé, depuis le bout de l'oreille jusqu'au bout du pied. Il est le plus beau qui se puisse trouver, car il n'est ni si fin et si menu que le barbe, ni si gros que le napolitain, mais entre les deux. Il est de grande vigueur, de grand courage et fort docile. Il marche fièrement, trotte de même, avec la plus belle action du monde. Il est superbe en son galop, plus vite en sa carrière que tous les autres, et beaucoup plus noble et plus aimable qu'eux. »

Newcastle raconte que, ayant reçu, dans son manège d'Anvers, la visite des seigneurs de la suite de don Juan d'Autriche, gouverneur des Pays-Bas, il monta devant eux quelques chevaux, et en fit monter d'autres par ses écuyers. Le marquis de Séralvo, écuyer du prince, lui ayant demandé quels chevaux il préférait, il répondit : « Les barbes sont les gentilshommes, mais les espagnols sont les princes. »

Cette magnifique race, qui a joui d'un si grand renom et de tant de prestige pendant plusieurs siècles, a, depuis le commencement du nôtre, décliné sous la coïncidence de deux évènements.

L'un est la guerre napoléonienne, de 1808 à 1814, et l'autre la supériorité acquise par le pur sang anglais. La vogue de celui-ci a diminué celle du cheval d'Andalousie; et cette circonstance, se rencontrant avec le trouble apporté dans la production, par les malheurs de la guerre, a fait négliger l'ancienne perfection de l'élevage et en a presque tari la source.

La grande « sagesse » du cheval espagnol, si hautement prisée par Newcastle et par toute l'école des écuyers, devait céder le pas à la « vitesse » du cheval de pur sang. Les écuyers mirent la « sagesse » au premier rang des qualités du cheval; les sportmen n'en ont tenu compte, et ont proclamé la « vitesse » comme la qualité suprême.

## XX

### GOTHS, SCANDINAVES, HUNS, ETC.

Mais, pendant que les Arabes envahissaient le midi de l'Europe, d'innombrables hordes, sorties des steppes de la Scythie, se ruèrent sur le Nord, et s'y succédèrent comme les flots de la mer, déferlant l'un sur l'autre. La migration d'Odin et des Ases ou des Goths, —l'un et l'autre mot signifient dieux, — que les légendes du Nord font venir, soit de la ruine de Troie, soit des peuples refoulés de l'Asie par les victoires de Pompée, ouvre la marche de ces nations cavalières.

La mythologie des Goths est tout autrement équestre que celle des Grecs ; et, tandis que Jupiter n'a d'autre monture que son aigle, que le char de Vénus est attelé de colombes, que Mercure, Vulcain, Hercule vont à pied, et Apollon lui-même, quand il n'est pas le soleil, Odin est sur son merveilleux cheval « Sleipner. » Tous les autres dieux ont également leurs chevaux qu'ils montent, chaque matin, pour se rendre aux bords de la fontaine d'Urd ; là, ils se rangent en cercle, à l'ombre de l'immense frêne Igdrasel, pour délibérer sur le sort des humains. « Ils tiennent conseil, le cul sur la selle, » — selon l'expression consacrée par le dictionnaire de l'Académie française, — et, tout en voulant beaucoup de bien à leurs protégés, ils leur laissent une latitude suffisante d'aventures, avec la liberté de se casser le cou, ainsi qu'il convient à des dieux sportsmen.

Dans cette mythologie hippique, les Parques, qu'on appelle *Nornes*, assistent à cheval sur les champs de bataille, pour y désigner les guerriers qui doivent succomber. Un escadron de vierges, appelées *Valkyries* (c'est-à-dire *choisissant les tués*) est aux ordres des Nornes. Elles recueillent les âmes des guerriers, que le fer a moissonnés, pour les porter à Odin qui les accueille dans le « Valhalla » (*Palais des tués*). Là, ces braves ne trouvent pas de houris comme dans le paradis de Mahomet, mais ils sont rejoints par leurs chevaux, porteurs de leurs armes, pourvu qu'on ait pris soin de les brûler sur le même bûcher avec leurs corps. Les *Einhériers*, — c'est ainsi que se nomment ces élus, — se livrent à des récréations dignes des héros. Chaque jour, ils montent à cheval et vont s'aligner, en deux camps, dans l'arène. Les deux troupes fondent l'une sur l'autre et exécutent ce que Froissard appelle « de belles apertises d'armes. » Les dards et les épées transpercent, les sabres et les haches pourfendent, les masses d'armes écrasent... Mais, du moins, ces entailles, si larges ou si profondes qu'elles soient, ne font pas couler de sang, ni répandre de larmes; car elles ont le don de se refermer aussitôt qu'ouvertes, sans laisser ni douleur ni balafres. C'est absolument comme si vous transperciez, pourfendiez, assommiez l'eau dans la rivière. Aussi ces généreux guerriers ne gardent-ils pas rancune des horions qu'ils ont reçus dans la bagarre. Ils s'en reviennent, sur leurs chevaux, côte à côte, et devisant, avec leurs adversaires les plus acharnés, des bons coups qu'ils viennent de se porter. Puis ils vont s'asseoir gaiement à la table où l'on boit la bière et l'hydromel.

Cette mythologie équestre légua, chez les peuples du Nord, la même passion pour les chevaux qu'inspira le Coran aux sectateurs de Mahomet ; passion inconnue des Égyptiens, au berceau desquels le noble animal avait manqué, et qui fut beaucoup plus tempérée chez les Grecs et les Romains que chez les Arabes et chez les riverains de la Baltique.

De là découle cette prospérité chevaline en Danemark, en Mecklembourg, en Angleterre et aussi dans l'Allemagne : tous pays où un fourrage plantureux a secondé le goût des anciens sectateurs d'Odin.

Plus au Nord, au contraire, en Suède, en Norvège, en Écosse, en Islande même, le cheval n'a pu se développer aussi magnifiquement ; mais il s'est condensé en de vaillants poneys, qui restent estimés à travers tous les perfectionnements acquis des autres races.

Les Scandinaves, aussi intrépides marins qu'ardents cavaliers, ont porté le cheval jusqu'en Islande, — *ultima Thule*, — déserte avant qu'ils la colonisassent en 868. Sous ce rude climat et sur cette terre gelée, le cheval ne peut paître qu'au cœur de l'été. Le reste du temps il doit se contenter du lichen, comme les rennes. A cette chétive nourriture, le maître ajoute une ration de poisson séché. Ce singulier régime a constitué une race d'excellents poneys. Les chevaux des petites îles occidentales de l'Europe ont, du reste, tous ce même caractère. Les chevaux des Feroë, des Shetland, des Orcades, d'Ouessant et de l'île d'Yeu, élevés à la misère, trouvent dans la nature tonique de leur pâturage salé, un principe de force qui, sous leur volume exigu, comparable quelquefois à celui des ânes, leur permet de rendre d'importants services. Ces petits chevaux reçoivent du sol et du climat une telle densité de corps et de pieds qu'ils peuvent généralement se passer de ferrure. Mais il n'en est pas ainsi pour les chevaux que les riches pâturages du Danemark et des rives de la mer d'Allemagne ont si magnifiquement développés; la ferrure leur a été plus nécessaire qu'à tous autres, et c'est des peuples du Nord que l'usage de la ferrure à clous semble avoir passé aux peuples méridionaux[1].

Après les Goths, apparurent les Huns, sous la conduite du terrible Attila. Cette immense et formidable nation, de race tartare-mongole, s'était séparée en deux parts, dont l'une marcha vers l'Orient et alla conquérir la Chine; l'autre, tournant la mer Caspienne, par le nord, vint passer à gué les Palus-Méotides, et se jeta sur l'Europe qu'elle remplit de sang et de ruines. Jamais nation

---

[1]. Dans l'*Edda,* épopée de la nationalité scandinave, on trouve plusieurs allusions à la ferrure, entre autres celle-ci, chantée par Odin dans le *Hava-Mâl :* « L'amitié des méchantes femmes est aussi peu solide que la marche d'un cheval non ferré sur la glace. »

ne fut plus à cheval que la nation des Huns. S'il faut en croire Ammien-Marcellin, le Hun ne combattait qu'à cheval ; mais, en outre, il ne mettait pied à terre ni pour manger, ni pour dormir ; il faisait son commerce et toutes ses affaires sans descendre de cheval ; — il changeait sans doute de chevaux plusieurs fois dans la journée, car le cheval aurait pu ne pas aussi bien supporter le cavalier que celui-ci supportait le cheval. — Le cheval se chargeait, en outre, de fournir les provisions de bouche, et sa chair, que l'on mangeait, ne recevait d'autre préparation que d'être macérée sous la selle. La description pittoresque que Buffon a faite de l'hirondelle, qui mange et boit en volant, peut s'appliquer aux Huns, remplaçant les ailes par leurs chevaux ; mais, probablement, ils étaient moins gracieux dans leurs évolutions et, à coup sûr, ils étaient moins innocents dans leurs habitudes que l'agile oiseau du printemps.

Les Huns, chassés de l'Europe après la mort d'Attila, y revinrent plusieurs fois, sous les noms de Awares, de Bulgares, et enfin de Hongrois. Avec ces deux derniers noms, ils se sont établis sur les rives du Danube ; et la nation hongroise, après être entrée dans le concert des nations européennes, n'a cessé de se distinguer par ses qualités héroïques autant que par son amour pour les chevaux.

A ces vastes mouvements de nations à cheval, sorties de la Tartarie, doivent se rattacher les armées de Gengiskan et de Tamerlan, deux conquérants barbares qui, chacun, parcoururent et soumirent plus de pays que n'avaient jamais fait Alexandre, ni les Romains. Tamerlan est réputé avoir fondé l'empire du Grand Mogol, qui, pendant plusieurs siècles, a été le plus puissant de l'Asie et le plus brillant par sa cavalerie. Les voyages de Tavernier et de Bernier nous en ont laissé des récits intéressants. La cavalerie de la garde du Grand Mogol était composée de chevaux arabes que l'on nourrissait avec le plus grand soin en raison des difficultés naturelles du climat et pour les empêcher d'en subir les conséquences.

Les Turcs appartiennent également à ces familles tartares, et leur langue atteste une parenté avec les Hongrois et même avec les Finnois. Mais, au lieu de se jeter sur le nord de l'Europe, ils ont tourné la mer Caspienne par le sud, ont envahi la Perse, l'Asie Mineure, et ont finalement substitué leur empire à celui de Byzance qui remontait à Constantin et à Romulus. Les Turcs ont toujours formé une nation cavalière. L'illustre Saladin, qui était de cette nation, fonda en Égypte la dynastie des Ayoubites, à laquelle succéda celle des Mamelouks Bahrites. Celle-ci a produit le sultan El-Nacer dont nous avons signalé la gloire équestre.

Les sultans de Constantinople ont toujours tenu à briller par la magnificence de leurs chevaux et de leurs écuries presque autant que par le nombre de leurs odalisques.

## XXI

### EN AMÉRIQUE

Pendant que nous en sommes aux migrations de chevaux qui se sont faites d'Asie en Europe, parlons de suite de celle qui se fit d'Europe en Amérique. Quand les Européens abordèrent en cet hémisphère, ils le trouvèrent peuplé de nations fort diverses, parmi lesquelles deux étaient parvenues à un degré remarquable d'intelligence et de civilisation, le Mexique et le Pérou. Et pourtant toutes manquaient de deux leviers essentiels pour le développement de la puissance humaine, — l'usage du fer et celui des animaux domestiques. Les Péruviens seuls avaient familiarisé le lama à l'état domestique, et en tiraient quelque service pour les transports. L'infériorité des Américains vis-à-vis des Espagnols fut telle que partout il a suffi d'une poignée de soldats, armés de fer et secondés de quelques chevaux, pour subjuguer des nations aussi puissantes par le nombre et l'intelligence, que faibles dans leurs moyens d'action ou de résistance.

Il est à remarquer aussi que non seulement l'Amérique ne possédait pas le cheval, proprement dit, mais encore qu'elle ne renfermait aucune famille du genre *equus*, telle que âne, zèbre, hémione, couagga, daw.

Christophe Colomb apporta vingt chevaux dans l'île d'Haïti, lors de son second voyage, en 1493, et ces chevaux rendirent facile la victoire contre les pacifiques insulaires qu'avaient forcés de s'insurger les excès des Espagnols.

Cortès attaqua le Mexique avec une petite troupe de cinq cents hommes, armés de quelques arquebuses et fortifiés de seize chevaux. Il eut à combattre, sur sa route, la vaillante république de Tlascala, dont il se fit ensuite une alliée. Il reçut une recrue en hommes et en chevaux de l'armée que le gouverneur de Cuba, Vélasquez, avait envoyée contre lui, et qu'il eut l'art de ranger sous son drapeau. Mais, dans la désastreuse retraite qu'il fit en quittant Mexico, par une longue chaussée traversant le lac, au milieu duquel cette capitale était assise, il perdit un grand nombre d'hommes et son artillerie; ses chevaux furent réduits à six.

Cependant, ils suffirent pour lui faire remporter une victoire éclatante, deux jours après le désastre. En débouchant dans la plaine d'Otumba, il la trouva couverte d'une multitude d'ennemis, peut-être soixante ou quatre-vingt mille, auxquels il n'avait à opposer que sept cents hommes et six chevaux et ses alliés de Tlascala. Il forma un escadron de ses chevaux, montés par d'intrépides officiers, se mit à la tête, et, s'élançant à travers la foule armée, il marcha droit au drapeau principal de l'ennemi, qu'il savait être considéré comme le palladium de l'armée ; il l'arracha lui-même des mains de celui qui le portait, et, traçant un nouveau sillon à travers l'armée ennemie, il regagna, triomphant, son infanterie, qui avait redoublé d'efforts pour suivre son général et qui vit aussitôt fuir les Mexicains épouvantés de tant d'audace.

Quand Pizarre attaqua le Pérou, dix ans après la conquête du Mexique, il avait vingt chevaux dans son armée de cinq cents hommes. Il eut moins à combattre que Cortès ; mais, tant par ruse que par force, cruauté et perfidie, il mit fin à l'empire des Incas et s'empara d'un territoire plus vaste encore que le Mexique.

Les Espagnols, qui ne cherchaient que l'or dans leurs envahissements d'Amérique, auraient négligé les rives de la Plata s'ils n'eussent craint que d'autres nations ne s'y établissent. Ils occupèrent, sous la conduite de Mendoza, ce pays par précaution et y bâtirent un semblant de ville qui prit le nom de Buenos-Ayres. Là, se trouva le gisement d'une richesse qu'ils n'apercevaient pas, et qui, loin de s'épuiser, se développa, de lui-même, en de telles proportions que l'avidité des conquérants fut impuissante pour l'exploiter et le suivre dans son progrès : la multiplication des chevaux.

La République Argentine occupe aujourd'hui ce territoire, dans un espace plus grand que la France. Elle offre une immense plaine herbeuse, peu arrosée en dehors du bassin de ses deux grands fleuves, le Parana et l'Uraguay, si ce n'est par un petit nombre de cours d'eau et aussi par de nombreuses lagunes remplies d'eau pluviale, dont les unes se dessèchent en été, et les autres peuvent à peine continuer d'abreuver le bétail. Cette contrée se couvre d'herbes variées qui, pendant la majeure partie de l'année, nourrissent abondamment le bétail, mais dont les tiges desséchées le sustentent à peine le reste du temps. En certaines saisons le chardon domine, et, haut de 2 à 3 mètres, il forme comme une forêt inextricable à travers laquelle on perd de vue chevaux et bétail.

Mendoza y déposa les premiers chevaux en 1536. Ils étaient de race andalouse. Ils se sont multipliés depuis ce temps, au point de présenter aujourd'hui une population que l'on évalue à quatre millions de têtes. Les spécimens et les documents, produits lors de l'Exposition universelle de 1878, ont permis de reconnaître encore les fils des premiers colons de Mendoza. Mais ils se sont divisés en nombre d'aspects, pour ne pas dire de races. Ceux du Sud sont restés grands et bien conformés. Leur taille attèint quelquefois 58 et jusqu'à 60 centimètres. Ceux du Nord sont restés plus petits. Sur l'un et l'autre point, beaucoup se sont rabougris, avec le garrot bas, la tête grosse et lourde, les jambes peu régulières ; enfin, il y en a de très petits, mais longs et gros de corps, bas sur jambes, et ne servant qu'à monter les enfants. Tous ces chevaux, presque sauvages, sont de toutes les robes, y compris la robe pie. Ils sont doués d'une grande vitalité, et peuvent rendre de longs et énergiques services. Ils sont répartis entre les propriétaires des immenses *estanzas* ou fermes qui sont réputées occuper tout le sol. Le nombre des chevaux est si considérable en chacune, qu'ils ne peuvent recevoir aucun soin de leurs maîtres, si ce n'est une empreinte de fer chaud attestant la propriété, et la castration, opérée si sommairement et avec si peu de soin, que beaucoup en périssent. Les plus beaux de ces chevaux se vendent aujourd'hui 100 francs, les autres ont une valeur moyenne de 40 francs. On ne monte que les chevaux hongres, les juments restent toutes poulinières. L'abondance des chevaux est telle qu'elle dépasse de beaucoup les besoins de la consommation et du commerce. On cherche à restreindre leur nombre pour augmenter celui des bœufs, qui rapportent un peu plus. Le propriétaire de l'*estanza*, embarrassé de ses chevaux, en envoie un grand nombre, avec les bœufs, aux *saladeros*, qui sont des abattoirs établis pour exploiter la peau et la graisse de ces animaux, dont il se fait un grand commerce avec l'Europe. La chair d'un petit nombre de bœufs, relativement à ce qu'il s'en tue, est préparée et condensée pour être livrée au commerce d'exportation.

Pour faire passer un jeune cheval de la vie indépendante à la vie plus ou moins domestique, le *Gaucho* ou cavalier du pays, s'arme d'un *lasso*, longue courroie, prolongée, à son extrémité, par sept ou huit cordelles, terminées chacune par une balle de plomb. Le cavalier, monté sur un cheval dressé, s'élance à la poursuite du cheval qu'il veut atteindre, et lui lance son formidable engin qui s'enroule autour du cou ou des jambes et renverse le cheval, qui se débat avec énergie. Plusieurs s'y cassent les reins ou les jambes, mais on n'y regarde pas ; on envoie la bête estropiée au saladero, et on passe à une autre ; il en reste toujours assez pour le service qu'on a à leur demander.

On selle, on bride le cheval pendant qu'il est à terre, et quand on lui permet de se relever, il a un gaucho sur le dos. Celui-ci accepte sans sourciller tous les bonds, toutes les défenses de l'animal exaspéré. S'il se jette par terre, l'agile gaucho y est avant lui, et se retrouve en selle dès que le cheval est relevé. Quand les bonds sont un peu apaisés, on fait faire au cheval un galop, autant que possible à la suite d'un autre cheval monté. Cette leçon, répétée pendant dix ou douze jours, suffit ordinairement pour dompter le cheval, car il ne s'agit pas de le dresser. On ne voit en lui qu'une machine à parcourir les distances. On force son pas de manière à lui faire marcher le traquenard, sorte de pas relevé qui convient à ces cavaliers solides, mais écuyers de mauvais aloi, cherchant surtout à obtenir une certaine vitesse ; puis on le fait trottiner de temps en temps pour le reposer. Ces chevaux peuvent parcourir de grandes distances à raison de quinze à vingt lieues par jour, sans recevoir d'autre nourriture que l'herbe à paître le long de la route. La nourriture du gaucho n'est pas moins sommaire que celle de son cheval. Elle ne consiste qu'en tranches de viande plus ou moins cuite ; le pain, les légumes et les fruits en sont également absents ; il ne boit que de l'eau, son unique occupation est d'être à cheval.

Dans cette vaste région, où il n'y a point de routes empierrées, le cheval marche indéfiniment, sans ferrure. Celle-ci ne devient utile que dans les villes où on l'attèle.

Sir Francis Head, qui a longtemps parcouru cette contrée à la recherche de mines d'or imaginaires dont une compagnie de Londres lui avait confié l'administration, dit qu'aucun cheval anglais, nourri à l'herbe, ne pourrait lutter de vigueur, d'énergie et de fonds avec ces petits chevaux qui n'ont jamais mangé de grain. Il a rapporté en Angleterre le pied d'un de ces intrépides poneys qui lui avait longtemps servi, et qui mourut au sommet des Andes, après plusieurs jours d'une ascension pénible, faite à travers les pierres roulantes. Le pied de ce cheval, non ferré, était resté aussi intact, aussi parfait que s'il eût été poli au tour.

Un autre voyageur dit que, si l'on tombe sur un bon cheval des Pampas, il peut parcourir, d'une seule traite, vingt milles (près de sept lieues) à un galop rapide, par conséquent, en une heure. Ces chevaux, enlevés le matin à la prairie, font le service de relais pour les voyageurs qui se rendent de Buenos-Ayres au Chili, en traversant les Pampas et les Andes. Ils diffèrent des *tarpans* ou chevaux sauvages de la Tartarie, en ce que ceux-ci conservent la nuance isabelle ou cendrée, avec zébrures, qui paraît avoir été leur robe primitive, tandis que le cheval des Pampas est de toutes les robes. Les tarpans sont presque indomptables sous la main de l'homme, qui a beaucoup de peine à réduire même le jeune poulain, tandis que le cheval des Pampas se souvenant, pour ainsi dire, de son origine, conserve le sang et l'instinct de la race espagnole, la plus docile entre toutes les races. Quand le gaucho a monté pendant une semaine le cheval pris au lasso, il peut le présenter au voyageur qui traverse les Pampas.

Après avoir recouvert les deux rives de la Plata, le flot des générations animales remonta le double bassin de ses affluents jusqu'au pied des Andes, envahit le Tucuman, et, franchissant un seuil peu élevé, se répandit dans l'immense bassin de l'Amazone, puis dans celui de l'Orénoque. En ces deux derniers bassins, la chaleur torride, tempérée par l'altitude du sol et par l'abondance des eaux qui y circulent, donne naissance à une végétation luxuriante qui, commençant avec la saison des pluies, grandit jusqu'au milieu de la saison sèche, mûrit et se fane sous l'influence de celle-ci, présentant partout une fourrure inextricable de 2 à 3 mètres de haut. Le cheval s'y nourrit comme il peut en attendant le renouveau des herbes. Les rares habitants de ces solitudes, à l'approche des pluies, mettent le feu aux herbes desséchées pour en débarrasser le sol et favoriser la germination nouvelle. Chaque ferme voit rayonner autour de son centre des milliers de chevaux, de bœufs, de moutons plus qu'à moitié sauvages. Ces chevaux, issus de la race espagnole, et quoique nés sous l'équateur, manifestent une grande énergie et durent fort longtemps. Ainsi le cheval qui supporte les climats les plus froids, comme celui de la Scandinavie et de l'Islande ou du nord de la Russie, prospère jusque dans la chaude et sèche Arabie, jusque dans l'humide et brûlante Colombie.

Les chevaux ont aussi reflué vers le Brésil occidental, presque inhabité, et vers la Patagonie où les sauvages se l'approprient et s'en servent en hardis cavaliers. Ainsi toute l'Amérique méridionale se trouve colonisée par les chevaux importés d'Europe, avant que la race humaine soit à la hauteur de partager avec ces animaux toute la richesse et l'étendue du sol.

Les chevaux se sont également multipliés dans les parties du Mexique non trop montagneuses ni trop encombrées de bois, particulièrement au Nouveau-Mexique et dans la Sonora.

A ces races, devenues indigènes, les Anglo-Américains ont ajouté le cheval de sang anglais, et les chevaux de trait français, parmi lesquels ils choisissent les plus grands et les plus gros, dans le Perche et le Boulonnais. Ils ont institué des courses et créé une race merveilleuse de trotteurs légers.

## XXII

### EN GAULE

L'action de la cavalerie est intéressante à étudier dans les *Commentaires* de César. Cette action est un des grands secrets de l'activité prodigieuse du conquérant des Gaules. Par elle, il éclaire les mouvements de son armée, et connaît toutes les marches de l'ennemi.

Grâce à une escorte, il se transporte de l'un de ses camps à un autre, et dispose tout, non loin de l'ennemi, en attendant l'arrivée des légions, pour combattre. Outre les cavaliers romains, il compte, dans son armée, des escadrons gaulois et germains ; il a aussi des chevaux espagnols. Il fait, au livre IV, un curieux parallèle des goûts et des habitudes équestres en Gaule et en Germanie. « Les Germains, dit-il, ne recherchent pas ces chevaux supérieurs qui plaisent tant dans toute la Gaule et qu'on y paye si cher. Au lieu de faire venir d'ailleurs de beaux et bons chevaux, ils se contentent de leurs produits indigènes, qui sont informes et défectueux ; ils les soumettent à des exercices violents et quotidiens, et en tirent, par ce moyen, un certain parti. Dans les combats de cavalerie, il leur arrive souvent de sauter à bas de leurs chevaux et de combattre à pied ; ils les ont dressés à rester en place et les rejoignent vite au besoin. » Cette méthode ne laisse pas que d'être rationnelle, car il vaut mieux combattre à pied que sur un mauvais cheval. Tacite est d'accord avec César sur l'infériorité des chevaux germains, qui ne brillent, dit-il, ni par la forme ni par la vitesse.

Sans prétendre que la cavalerie des Gaulois valût celle des Romains, au moins sous le rapport de la discipline, César lui fait jouer un rôle à peu près parallèle, quant au nombre et à l'utilité. Vercingétorix, au lieu de s'enfermer dans Bourges assiégée, préféra tenir la campagne extérieurement, à cause de la supériorité de sa cavalerie qui lui permettait de harceler l'armée ennemie et de lui couper les vivres ; ce qui réussit dans une certaine mesure, mais ne put empêcher la prise de la ville.

Les deux excursions que César fit dans la Grande-Bretagne lui offrirent un spectacle nouveau. Il y trouva des peuples aguerris ayant une bonne cavalerie et, de plus, ces chariots armés de faux qui avaient jadis fortifié les armées de Ninive, de Babylone et de Lydie.

Les monnaies gauloises portent généralement un cheval à l'effigie, preuve de la considération dont jouissait le noble animal chez nos ancêtres. Les inscriptions, recueillies par le savant Montfaucon citent les chevaux de la Gaule parmi les vainqueurs habituels des cirques de Rome et de Constantinople.

## XXIII

### LES FRANCS

Les Francs, issus de ces races gotho-germaniques qui suivaient le culte d'Odin, — le dieu à cheval, — et exploitaient le sol en prairies plus qu'en guérets, avaient naturellement une cavalerie dont ils se servirent dans leur invasion en Gaule.

Leurs chevaux, soit qu'ils fussent originaires du nord de l'Asie, et venus en Europe avec les Goths, soit qu'ils fussent indigènes de la Germanie, étaient vraisemblablement petits. Le tombeau de Childéric Ier, découvert à Tournay, en 1655, a offert un fragment du fer du cheval du roi et, par là, a donné lieu de reconnaître que ce cheval ne pouvait être qu'un poney, et qu'il avait pu appartenir soit aux races tartares, soit à ces petits chevaux que César et Tacite ont signalés comme indigènes de la Germanie.

Malheureusement, le père de notre histoire n'est pas sportsman. Trois lignes suffisent à Grégoire de Tours pour raconter la bataille des Champs Catalauniques, où Attila perdit, dit-on, cent mille hommes. D'un trait de plume, notre historien extermine tous ces guerriers, et met en fuite le roi des Huns, sans aucun égard pour l'innombrable cavalerie dont son armée entière était composée, et qui, vraisemblablement, ne lâcha pas pied sans combattre. Et de même, aux batailles de Tolbiac et de Vouillé, qui eurent de si grands résultats, le maigre récit n'accorde pas le moindre champ pour faire manœuvrer un peloton de cavaliers.

Cependant, nous trouvons deux passages où il est question de chevaux, en des occasions qui ne manquent pas d'intérêt.

Il s'agit d'abord du jeune Mérovée, fils du roi Chilpéric par un premier mariage. Mérovée, en dépit de son père et de Frédégonde, sa belle-mère, eut l'imprudence d'épouser la reine d'Austrasie, Brunehaut, devenue veuve de Sigebert que Frédégonde avait fait assassiner. La colère de la marâtre fut immense. Mérovée fut tonsuré et enfermé dans un cloître à Saint-Calais. Mais, par le conseil et avec l'aide de Gontran Boson, il s'évada et vint se réfugier dans la basilique de Saint-Martin, de Tours, asile sacré que la toute-puissance de Chilpéric et de Frédégonde n'osait enfreindre.

Frédégonde eut alors recours à ses artifices ordinaires. Elle gagna, à force de présents et de promesses, Gontran Boson, l'ami et le protecteur de

Mérovée. Et Gontran, s'adressant à Mérovée, lui dit : « Pourquoi rester ici comme des paresseux et des lâches, et nous cacher autour de cette basilique comme des imbéciles? Faisons venir nos chevaux; prenons des éperviers et des chiens; allons à la chasse, et jouissons de l'aspect des lieux ouverts! » Mérovée donna dans le piège, alla chasser sur les coteaux de Joué, à une lieue de Tours, et fut assassiné.

Ainsi la chasse au faucon, qui fut inconnue des anciens, apparaît, dès le premier temps de notre histoire, avec la selle à arçons et l'étrier. Ces trois importations venaient de la Germanie, de la Scandinavie, et peut-être, antérieurement, des migrations de l'Orient, car les Croisés, en arrivant en Palestine, trouvèrent les Turcs en possession de la selle, de l'étrier et du faucon.

L'autre mention du cheval, dans Grégoire de Tours, est au sujet de Leudaste, qui, de simple marmiton, parvint aux plus hautes dignités, par la faveur de la reine Marcovèfe. Celle-ci, avant d'être l'épouse du roi Charibert, avait été la camarade de Leudaste, dans la cuisine royale. Montée sur le trône, elle lui confia d'abord le soin de ses plus beaux chevaux; ce qui, s'ils étaient au nombre de douze, conférait le titre de maréchal, — *mar-scalk* (serviteur des chevaux), selon la loi des Allemands.

Mais l'ambition de Leudaste ne s'en tint pas au

titre de maréchal, il aspira à celui de connétable, — *comes stabuli,* ce qui impliquait l'intendance entière des écuries royales, et il l'obtint. De là, il devint comte de Tours, c'est-à-dire administrateur général de la province dont Tours était le centre [1].

Nous voyons, par là, combien était considérable le train équestre des premiers rois mérovingiens. Les leudes étaient les compagnons ou « comtes » des rois mérovingiens, s'attachaient à leur personne, avec serment de fidélité, et amenaient des bandes de combattants pour la guerre. Ils recevaient, en échange, des présents qui furent d'abord des chevaux, des armes, et plus tard des fonds de terres, mais viagers ; les leudes devinrent alors des vassaux ; ils furent le principe de la féodalité et des hommes d'armes.

## XXIV

### FÉODALITÉ

Charlemagne fut un des plus étonnants guerriers que présente l'histoire. Ses campagnes se comptent par les années de son règne qui dure un demi-siècle. D'une activité égale au moins à celle de

---

[1]. Grégoire de Tours, livre V, et Augustin Thierry, *Récits des Temps mérovingiens,* 5e récit.

César, il est, pour ainsi dire, présent à la fois sur tous les points de ses immenses frontières. Quelquefois, dans le cours d'une même année, il combat en Saxe et en Italie ou en Espagne. La cavalerie dut jouer un rôle important dans des marches aussi rapides, en des déplacements si soudains et si multipliés.

Après lui, les invasions normandes plongèrent la France en de cruels malheurs; elle dut, au milieu de l'anarchie, se délivrer elle-même. Cette libération s'opéra surtout par l'énergie des leudes dont quelques-uns obtinrent d'abord, pour récompense, l'hérédité de leurs bénéfices terriens, convertis en fiefs; d'autres usurpèrent d'eux-mêmes cette hérédité, et, dans sa détresse, Charles le Chauve favorisa ces usurpations par un édit de 853, qui ordonna de reconstruire les anciennes redoutes en pieux (*bohl-werks,* boulevards), et d'élever de nouvelles fortifications afin d'arrêter les invasions dévastatrices des Normands, des Sarrasins et des Hongrois.

L'Europe se couvrit ainsi de forteresses, derrière lesquelles nobles et vilains trouvaient un refuge contre les barbares. L'autorité royale s'affaiblit de plus en plus sous les Carlovingiens, et la délivrance du pays s'accomplit par l'initiative des nobles, appelant à eux les populations, et opposant à l'invasion des donjons étroits et hauts que ces barbares ne pouvaient escalader ou démolir aussi facilement que les murailles des villes et des monastères.

De véritables souverainetés s'établirent autour de chaque donjon ; et l'empire de Charlemagne, brisé en mille éclats, forma autant de petites monarchies dont chaque titulaire s'attribua le droit de fortification, de guerre, de justice, de monnayage.

## XXV

### CHEVALERIE

L'anarchie, inhérente à tant de puissances rivales, trouva heureusement un palliatif dans la *Chevalerie*, sorte d'association ou de confrérie, à la fois religieuse et guerrière, qui eut ses lois, et se composa des devoirs, basés sur l'honneur, sentiment nouveau, inconnu dans l'ancienne civilisation.

Le cheval fut l'emblème de la chevalerie, et le compagnon indispensable du chevalier. La fable du centaure fut, en quelque sorte, réalisée dans cette association mystique de l'homme et du cheval. Une enveloppe de fer couvrit l'un et l'autre et rendit l'union d'autant plus indissoluble que le chevalier, démonté, était trop chargé de ses armes pour se relever et combattre.

L'armée féodale, bien différente de l'armée romaine, ou des armées modernes, avait son centre d'unité fort effacé. Elle n'était répartie ni en légions, ni en infanterie ou cavalerie, mais elle suivait le fractionnement de la féodalité. Les grands feudataires commandaient à la noblesse de leur province, et celle-ci s'échelonnait dans l'ordre suivant :

Les feudataires, possesseurs d'un territoire assez étendu pour réunir sous leur bannière de trente à cinquante hommes d'armes ou chevaliers, prenaient le titre de chevaliers bannerets. Ils déployaient une bannière carrée et portaient l'éperon d'or. Leur contingent s'appelait la « montre[1] » du chevalier banneret. Dans cette montre se rangaient les simples chevaliers et les *bacheliers* ou bas chevaliers aspirant à la chevalerie, enfin les écuyers. Tous ces personnages étaient assistés de sergents, archers ou arbalétriers, les uns à cheval, les autres à pied. Chaque homme d'armes, avec son écuyer (porteur de l'écu, *scutiger*) et ses autres auxiliaires armés, au nombre de cinq ou six, formait ce qu'on appelait une « lance com-

---

[1]. Le mot *montre* signifiait proprement la *revue* que passait le chevalier banneret de ses hommes, convoqués à jour donné, pour s'assurer de leur nombre et de leur état ; le mot, par extension, signifia le contingent. L'armée d'un roi ou d'un grand feudataire se nommait *ost*.

plète ou fournie. » Une bannière était ainsi suivie de deux ou trois cents hommes presque tous à cheval. Dans la guerre de Flandre, en 1304, la montre du comte de Comminges, forte de quatre-vingts chevaliers, formait, avec leur suite, un état de mille hommes à cheval.

C'était contre les invasions normandes que s'était surtout organisée la chevalerie à l'aide de ses donjons. Et, cependant, ce fut dans la Normandie même, parmi les hommes du Nord le plus récemment colonisés, que la chevalerie produisit ses plus éclatants exploits.

Au cours du XI$^e$ siècle, quelques chevaliers normands, sous la conduite des fils de Tancrède de Hauteville, chassèrent les Sarrasins de la Sicile, de la Pouille et de la Calabre, et fondèren le royaume de Naples. En 1066, la chevalerie de toute la France, accourue à l'appel de Guillaume, duc de Normandie, conquit l'Angleterre. En 1095, à la voix de Pierre l'Hermite, la chevalerie se croisa, de concert avec la foule populaire, qui se rangea sous ses bannières, pour délivrer les Saints Lieux. Elle fonda les ordres hospitaliers et militaires de Saint-Jean de Jérusalem et du Temple, qui se rendirent célèbres par tant d'exploits, pendant la durée des croisades, et illustrèrent à jamais les noms de Rhodes et de Malte. Les rois et les empereurs prirent part aux expéditions d'Orient, à titre de chevaliers croisés, non de monarques combattant pour leurs royaumes.

Si les destriers de France et d'Europe trouvèrent souvent leur fin sur les champs de bataille de la Palestine, des chevaux arabes furent, par compensation, amenés en France et en Angleterre, où leur sang s'est infusé sur quelques points et a laissé de généreuses traces en Limousin, en Navarre et sans doute en d'autres lieux.

Mais le malheur de la chevalerie fut d'être incapable de toute discipline militaire. La hiérarchie était une étiquette plus qu'une réalité. Aucun exercice d'ensemble ne pouvait être pratiqué. On combattait avec vaillance et avec entrain, non avec méthode. Toute cette cavalerie, pesamment armée, se trouvait dans la position la plus défavorable pour combattre. Il faut de l'ordre et de l'ensemble à la pesante armure ; l'armure légère peut seule se passer d'ordre. Cette organisation avait un autre défaut, c'est que l'*ost* et la *montre* n'étant pas payés, on ne pouvait les retenir indéfiniment, et le temps de chaque campagne était habituellement fixé à quarante jours, passé lesquels chaque « lance fournie » avait le droit de s'en aller.

Ces conditions nous furent fatales aux journées de Crécy, de Poitiers et d'Azincourt, où les batailles durent être livrées précipitamment, et où la valeur de la chevalerie ne put tenir contre les manœuvres disciplinées des archers anglais, bien payés.

La France succombait, avec la chevalerie épuisée, quand la mission de Jeanne d'Arc vint remonter le courage national. Charles VII le comprit et institua les « francs-archers à cheval, » premières troupes soldées et, par conséquent, soumises à une discipline.

## XXVI

### CHEVAUX DU MOYEN AGE

De quels chevaux se servaient les chevaliers ?

Il semble que, pour porter des hommes aussi chargés de fer, de grands et forts chevaux étaient indispensables. Cependant, les fers trouvés sur le champ de bataille d'Azincourt, ceux recueillis en nombre d'autres lieux et portant le même caractère de crénelure sur le bord extérieur, indiquent de petits chevaux. Parmi ceux-ci, les hommes d'armes recherchaient naturellement les plus grands. Ils faisaient cas des destriers de la Frise et des Flandres et aussi de ceux de l'Artois et du Boulonnais, bien loin alors d'être arrivés à l'état massif où sont aujourd'hui parvenus les chevaux de ces contrées. Cependant, le genêt d'Espagne était le plus estimé de tous.

Ce cheval superbe et agile était recherché pour le combat comme pour les tournois et les fêtes. Il était surtout demandé par les guerriers au corps léger et souple, comptant sur leur adresse et sur l'agilité de leur monture plus que sur la force, tandis que les chevaliers de puissante stature préféraient le cheval de la Frise pour les porter avec leur pesante armure et les précipiter à travers les masses ennemies.

On vit ce contraste remarquable dans le combat singulier qui fut livré, par suite de défi, au temps de la Ligue et du siège de Paris, en présence des deux armées, entre le sieur de Marivaux, champion de l'armée royale, et Claude de Marolles, chevalier de la Ligue, — père du célèbre abbé, collecteur de gravures et traducteur infatigable.

Le robuste Marivaux se présenta sur un fort cheval, et armé d'une énorme lance; Marolles, petit et souple, montait un cheval d'Espagne, de moyenne taille; il était médiocrement protégé par l'armure défensive, mais il tenait en main une lance légère que, dès la première passe, il enfonça dans l'œil de Marivaux, à travers l'étroit luminaire du heaume.

Les écrivains du moyen âge nous indiquent les chevaux dont on se servait, en les distinguant par le genre d'emploi auquel ils étaient affectés.

« Il y a chevaus de plusieurs manières, à ce que

li uns sont dextriers grant pour le combat, li autres sont palefroy pour chevaucher à l'aise de son cors, li autres sont roucis pour somme porter, » dit un auteur cité par Du Cange. Les « dextriers » étaient ainsi nommés parce qu'ils étaient conduits à dextre par un page, pendant que le chevalier, désarmé, chevauchait « à l'aise de son cors » sur un cheval d'amble et laissait à un écuyer (*scutiger*) le soin de porter, sur un ou plusieurs autres chevaux, toutes les pièces de son armure. Du Cange et Ménage font dériver palefroi de *paraveredus* qui, chez les Romains, signifiait un cheval de poste. Les Danois l'appellent *parade-hest*, cheval de parade. Il est vraisemblable que leur idée est empruntée de l'allemand *pracht-pferd* qui est le palefroi lui-même, et signifie en même temps cheval superbe, cheval de pompe. *Pracht-pferd* paraît donc être la vraie origine de palefroi plutôt que le mot latin de Du Cange et de Ménage.

Du Cange, continuant sa citation, ajoute : « Et après venoient les grans chevaus et palefrois, très richement ensellés, et les valets les menoient en dextre sur d'autres roussins. »

Ainsi le palefroi, outre l'emploi que l'on en faisait pour chevaucher à l'aise, était aussi le coursier caparaçonné de grandes housses que nous représentent les sceaux et les vignettes du moyen âge. Les housses étaient brodées aux armes du chevalier et pendaient jusqu'à terre. On les voit même ainsi dans les courses de lances, bien que de si amples vêtements dussent être compromettants pour la solidité du cheval et la sûreté du cavalier.

La haquenée doit son nom à l'anglais *hackney* qui, lui-même, vient du gallois *hachnay*, selon Samuel Johnson, et signifie cheval d'amble. Cet animal, aujourd'hui disparu de toute production de choix, ne se retrouve plus que dans le pêle-mêle des terrains communaux, aux landes de Gascogne et de Bretagne. Mais, au moyen âge, il jouissait d'une tout autre considération. Il comptait parmi les chevaux de luxe et partageait, avec le palefroi, l'honneur de porter les dames, les évêques aux jours de leur intronisation, et, enfin, de monter le chevalier pendant la marche, en attendant l'heure de s'armer et « de monter sur ses grands chevaux » pour le combat. Sully nous fait connaître que, parmi ses chevaux, au moment de la bataille d'Ivry, il avait une haquenée anglaise, en outre des deux chevaux de combat qui furent blessés sous lui, aussi bien que lui-même.

Au temps où tout voyage devait se faire à cheval, l'*amblier* était une précieuse ressource, parce que non seulement il fatiguait moins son cavalier, mais il se fatiguait moins lui-même et pouvait marcher plus longtemps. En effet, quoi qu'en dise Buffon, sa gradation s'opère avec moins d'effort de hanche et d'épaule que chez le cheval de trot. D'humbles haridelles des landes de la Bretagne sont encore en état de le prouver par des journées de vingt ou trente lieues, exécutées sans entraînement ni préparation d'aucune sorte.

En Provence, et sans doute dans le midi de la France, ainsi qu'en Espagne, on voyageait surtout à mulet; le cheval n'était guère employé que pour la guerre. Ainsi l'indique un traité des comtes de Toulouse avec la république d'Avignon, en 1251.

Il existe, au musée de la ville d'Orléans, un tableau de Dervet, peintre lorrain, représentant, vers 1630, la duchesse de Lorraine à la chasse à l'oiseau. La duchesse monte un superbe genêt d'Espagne, gris, très étoffé, ayant une immense crinière qui pend des deux côtés de l'encolure et descend jusqu'aux genoux, malgré un nœud qui la raccourcit à moitié de la hauteur. Ce cheval, qui peut bien être qualifié palefroi, va l'amble, et il en paraît être ainsi pour la plupart des cinquante chevaux que montent les dames de la suite, — car il n'y a aucun cavalier en cette fête toute féminine. Ces chevaux ont une abondance de crinière et de queue dont on retrouverait difficilement le modèle ailleurs. Mais le cheval de madame de Lorraine a seul le privilège de porter la crinière des deux côtés; chez les autres, elle tombe d'un seul côté. Tous sont bridés sans têtière; le mors est fixé dans la bouche par un procédé que la peinture n'explique pas. Chaque amazone, assise sur le côté gauche du cheval, avec la jambe droite légèrement relevée, tient un faucon sur le poing ganté, ou le suit de l'œil, poursuivant dans les airs le héron ou la perdrix [1].

Le *roussin, roncin, rouci*, de l'allemand *ross*, cheval de guerre, noble coursier, en anglais *horse*, était, en France, un cheval de guerre; Froissard l'emploie en ce sens, aussi bien que le poète du xvi° siècle, André de Rivaudeau, déplorant les suites de la bataille de Montlhéry :

> Le Dunois et Albret firent boire la Seine
> A leurs roussins vainqueurs......

Le roussin semble avoir porté spécialement les guerriers à la suite des hommes d'armes. Il fut plus tard employé à des services moins relevés et il fut confondu avec le *sommier* ou cheval de

---

[1]. Ce tableau est censé représenter l'*air*; trois autres tableaux de même dimension et du même peintre, représentent, par allégories analogues, la *terre*, l'*eau* et le *feu*. Ils ornaient le château de Richelieu avant sa démolition, en 1820. Alors un honorable négociant d'Orléans, M. Pillé, les acheta; et il en a fait don au musée de sa ville natale. (Voir le *Journal des Haras*, octobre 1849, page 226.)

bât; ainsi que le dit la citation ci-dessus, rapportée par Du Cange. Dans la coutume de Touraine, il figure comme redevance féodale. C'est ainsi que dix-huit roussins de service étaient dus au seigneur de Chenonceau, par autant d'arrière-fiefs[1]. Il est douteux qu'une telle redevance ait jamais rempli les écuries du châtelain par des chevaux d'un grand mérite. Aussi le superbe mot allemand auquel le roussin doit son origine est-il tombé chez nous à la plus dégradante signification[2].

Nous terminons cette nomenclature par un extrait de l'inventaire des meubles du prince de Condé, chef de l'armée calviniste, décédé à Saint-Jean-d'Angély, le 4 mars 1588. Cet inventaire, dressé après le décès du prince, peut nous donner une idée de l'écurie d'un général d'armée, en campagne, à cette époque :

« Et premièrement un cheval d'Espagne, de poil bai, nommé Saint-Luc, garni de selle armée, de velours orange, couverte de clinquant d'argent avec une housse.

« Plus un autre cheval d'Espagne, bai obscur,

---

1. *Histoire de Chenonceau*, par l'abbé Chevalier.
2. Le tarif du péage, au pont d'Avignon, en 1215, fait une grande différence du cheval ou dextrier qui paye six deniers, tandis que le roussin, assimilé à la jument, au mulet et à la mule, n'en paye que trois.

nommé Dufau, avec sa selle de velours gris, passementée de passements gris et frange.

« Plus un courtaud, nommé Bellegarde, de poil bai, la lune au front et les deux pieds de derrière blancs, ayant une selle de velours orange, garnie de passements de même couleur.

« Plus un coursier gris, nommé Saint-Luc, ayant une selle d'armes, de velours vert, usée, garnie de passements d'argent.

« Plus un courtaud noir, nommé Gernac, ayant une selle d'armes, garnie de clinquant d'or et d'argent.

« Plus un courtaud gris, nommé Saucille, garni d'une selle blanche *appicquée* (sans doute à *piquer*).

« Plus un haquenée bai, garni d'une selle de velours noir.

« Plus un petit bidet rouge, garni d'une chétive selle.

« Et de là nous sommes transportés en l'écurie où sont les courtauds, et nous avons trouvé le sieur de la Mothe, étant de présent en charge d'écurie. Et premièrement nous avons trouvé un roussin bai, avec la selle d'armes, de maroquin.

« Plus un autre roussin rouan, ayant la selle de velours vert, garnie de passements verts.

« Plus un courtaud bai, appelé Moulinfrou, avec sa selle de velours noir, garnie de passements noirs.

« Plus un autre courtaud, appelé le Grand-Gibaut, aussi bai, avec la selle de cuir.

« Plus un autre courtaud, appelé Guillouville, avec sa selle telle quelle.

« Plus un autre courtaud, nommé l'Aveugle, avec sa selle.

« Plus, a déclaré ledit sieur de la Mothe que, sur le commandement du conseil établi en la présente ville, sous l'autorité de mon dit seigneur, a été donné un cheval nommé La Pie, pour faire le voyage de Poitiers, afin d'atteindre un page appelé Bel-Castel; laquelle Pie est demeurée fourbue audit Poitiers; or, a promis le sieur de la Saussaye icelle rendre et représenter.

« Plus aussi, a déclaré ledit sieur de la Mothe, qu'il s'est perdu, en Gascogne, un courtaud gris, étant monté sur icelui un soldat des gardes de feu mon dit seigneur, allant avertir le roi de Navarre de son décès.

« Plus six mulets, garnis de leurs harnais; deux de poil gris, un rouge, deux noirs et un de poil bai. Ils se nomment : Joyeuse, Judas, Cueillière, Révoltas, l'Amoureuse et Gaillard.

« Et nous sommes transportés en l'écurie en laquelle sont les chevaux de madame la princesse de Condé (Charlotte-Catherine de la Trémoille) où avons trouvé :

« Quatre chevaux de coche avec leurs harnais, trois bais et l'autre alezan.

« Plus deux haquenées, l'une grise et l'autre lunette, garnies de leurs selles et brides [1]. »

Froissard, en racontant les brigandages monstrueux qui se commirent en France après la bataille de Crécy, cite un chef de bandes qui s'était fort enrichi à piller des châteaux et même des villes. « Et étoit appelé ce brigand Bacon. Et étoit toujours bien monté de bons coursiers, de doubles roncins et de gros palefroys, et aussi bien armé comme un comte, et vêtu très richement et demoura en ce bon estat tant qu'il véqui. » Croquart, l'un des héros anglais du « Combat des Trente, » s'enrichit, comme Bacon, à forcer des châteaux, à les piller, puis à les revendre. Il possédait vingt bons chevaux, destriers, palefrois et doubles roncins, quand il fut renversé et tué par l'un d'eux[2].

Parmi ces qualifications de chevaux, le mot coursier exprime un grand cheval de bataille, synonyme de destrier; double roncin désignait particulièrement un grand et fort cheval entier, venu d'Allemagne.

---

[1]. Ce curieux document, présenté au Comité des Travaux historiques par M. Édouard de Barthélemy, est inséré dans la *Revue des Sociétés savantes*, janvier-février 1875.

[2] Froissard. Livre I, ch. 24 et 25.

Selon le dictionnaire de Furetière, *courtaud* est un cheval de moyenne taille, c'est-à-dire un double poney, à qui l'on a coupé la queue et les oreilles. Le dictionnaire de l'Académie ne parle pas de la taille, mais seulement de la queue et des oreilles.

Parmi les tableaux du XVIIe siècle, on voit quelques chevaux à queue coupée, mais jamais avec la mutilation des oreilles [1].

## XXVII

### ORIGINES GERMANIQUES

« Au IXe siècle, dit M. Quicherat, lorsque se forma la langue française, les chevaliers ou feudataires étaient presque tous Francs d'origine. Il est tout naturel que les termes pour désigner ce qui tenait à l'attirail du cavalier et de sa monture aient été empruntés à la langue des Francs. A ce compte, l'armure de nos anciens chevaliers serait

---

1. Lorsque, après mes études, je vins à Paris, en 1820, il y avait alors nombre de chevaux à oreilles coupées. C'étaient tous de vieux chevaux attelés aux fiacres et autres voitures publiques. Presque tous avaient de la distinction et paraissaient avoir été chevaux de maître. Mais la mode en était alors passée. Elle devait avoir régné de 1810 à 1815. Aucun tableau ni gravure ne mentionne, à ma connaissance, cette mode étrange, qui n'avait pas pénétré dans la province.

d'origine germanique. Leur casque s'appelait « heaume » (*helm*), leur cotte de maille « haubert, » leur épée « branc, » l'aiguillon de leur chaussure « éperon » (*sporn*). — Les éperons mérovingiens, carlovingiens, et même ceux représentés sur la tapisserie de Bayeux, postérieure à l'an 1066, n'ont pas de molettes, mais une simple pointe. — La flamme de leur lance se nommait *gonfanon* (en anglo-saxon *guth-fana*, drapeau de guerre); toutes dénominations qui dérivent également du germain. »

A cela nous pouvons ajouter les mots palefroi et roussin, déjà cités ; « estoc » (*stich*, arme perçante) ; *étrier*, — inconnu des Romains (*steigbugel, boucle, arc* ou *anse* à monter) ; « housse », couverture du cheval, et « houseaux, » guêtres, jambières, dérivent également de *hutten, couvrir*; *maréchal* vient de *mar-scalk*, serviteur du cheval; *sénéchal*, de *sinces-scalk*, serviteur du trésor, intendant ; « étampure, » de *stampfen*, percer le fer du cheval; « harnais, » de *harnisch*; « bride, » de l'anglo-saxon *bridel*; et le « mors » est traduit de l'anglais *bit*, all. *beissen*, mordre. Enfin, les mots « guerre, bataille, garde » sont également d'outre-Rhin.

## XXVIII

### PRODUCTION DU CHEVAL AU MOYEN AGE

Quelle a été la production du cheval en France durant le moyen âge? La France a été ravagée par les invasions normandes pendant plus d'un siècle. A ce fléau succéda celui des guerres intérieures et extérieures, puis la guerre de Cent ans, aggravée par la Jacquerie, par les ravages des Grandes Compagnies et par le brigandage sous toutes les formes. A travers tant de désordres et tant de malheurs, la production du cheval était d'autant plus difficile que cet animal était un des principaux objets de la convoitise des contendants. Les guerres de surprises et les brigandages consommaient les animaux en état de servir et en tarissaient la source.

La production du cheval, comme celle du bétail en général, se faisait à peu près à l'état sauvage. On lui abandonnait les terres incultes, auxquelles s'ajoutaient des droits fort étendus, — plus souvent tolérés, usurpés, abusifs, que légalement établis, — de pacage dans les forêts domaniales ou ducales et dans celles des abbayes. Les chartes de toutes nos archives montrent comment, grâce aux forêts, les riverains pouvaient posséder des troupeaux nombreux qui souvent ne leur coûtaient pas une obole d'entretien. Quelquefois le nombre était limité, d'autres fois il ne l'était pas; chevaux, ânes, mulets, bœufs, vaches, moutons et porcs étaient admis au banquet forestier; les chèvres seules en étaient exclues. La dépaissance se faisait pendant neuf mois, — à l'exclusion des mois d'avril, mai, juin.

« Chaque seigneurie, chaque prieuré, chaque ferme, chaque habitant d'un village avait son troupeau, dit M. de Maulde.

« Lorsque, par des ordonnances royales, les gentilshommes se virent tenus à élever un certain nombre de destriers, ils furent heureux de trouver auprès d'eux un appui important dans les pâturages de la forêt. Hector de Bouville, lieutenant des eaux et forêts, au xv$^e$ siècle, tenait un haras dont la forêt d'Orléans faisait les frais. Il n'était pas seul à jouir de ce privilège. Les archives du Loiret renferment une enquête de la première moitié du xv$^e$ siècle, sur le droit de haras, possédé par Jehan de la Forest, seigneur de la Motte, à Lorris. Ce haras se tenait d'une manière fort avantageuse, qui est encore en usage dans quelques contrées du midi de la France.

« On lâchait chevaux et juments, marqués sans doute au seing du propriétaire, dans la pleine forêt, pour y vivre en toute liberté. La famille s'y multipliait. Les poulains, comme les esclaves dans le droit romain, suivaient la condition de la mère. Lorsque l'on avait pris une jument, le poulain marchait avec sa mère et arrivait ainsi chez son maître. L'enquête de la Motte constate que l'on a vu quelquefois, en forêt, neuf juments et deux ou trois chevaux appartenant au sieur de la Forest. Les maîtres du haras sont en pleine jouissance de leur droit.

« Ils ont chassé plusieurs fois et pris des bêtes dudit haras, et en ont joui et usé très paisiblement.

« Ce droit de haras ne forme pas, du reste, un droit *sui generis*; c'est simplement une application du droit de pâturage, et les gentilshommes ne se trouvaient pas en possession exclusive d'en profiter. Ainsi, le prieuré d'Ambert élevait dans la forêt quatorze juments avec leurs poulains. »

Nous empruntons cette citation au savant ouvrage de M. de Maulde : *Condition forestière de l'Orléanais au moyen âge et à la renaissance*[1].

Les rapports de Charles Colbert de Croissy sur les généralités de Tours et de Poitiers en 1667 et années suivantes font foi des mêmes abus et des affreux dégâts commis, en vertu du droit d'usage,

---

1. Un vol. in-8º, Orléans, 1874.

dans les forêts de ces deux généralités, dont il fut successivement l'intendant.

On peut inférer, de là, que l'élevage du cheval se faisait alors dans les forêts domaniales ou dans les bois particuliers, que l'agriculture et la prairie proprement dite y participaient fort peu; que, dans ce pêle-mêle, l'amélioration par étalons ou par poulinières devait être peu efficace; que ce qu'il y avait de plus avantageux dans ce mode d'élevage, c'est la vitalité produite par l'état sauvage, où l'animal, abrité par le bois, ne manquait jamais de nourriture, soit herbacée, soit frondescente. Il y pouvait passer l'hiver sans détérioration comme les cerfs et les daims; on devait seulement le retirer des biens domaniaux pendant les trois mois de la sève printanière. Quand on parle des haras des seigneurs féodaux, il ne faut pas les entendre autrement que comme un produit de leurs forêts ou comme une rente due par d'arrière-fiefs.

Après la guerre de Cent ans, qui fut accompagnée de tant de désordres intérieurs, la France ne commença à respirer que sous le règne de Charles VII, lors de la délivrance du territoire.

A cette époque, l'agriculture reprit de la vie; les châteaux se réparèrent ou se rebâtirent, avec des formes moins murées, moins défiantes et plus élégantes. Les écuries se remplirent de palefrois, et parmi eux se trouvaient quelques destriers pour les devoirs dela chevalerie.

Malheureusement ceux qui étaient produits par le sol français formaient le petit nombre. Les longs ravages de la guerre avaient stérilisé les souches, et l'habitude des chevaux étrangers s'était introduite.

Le triste état où la France était arrivée à l'égard des chevaux est exprimé dans le « Discours » de Michel Suriano qui fut, pendant dix ans, ambassadeur de Venise, en France, sous les règnes de Henri II, François II et Charles IX. Ce discours est une description intelligente de la France à cette époque[1].

« Le nerf principal de la milice française, dit-il, consiste dans les troupes de terre, et plus encore dans la cavalerie que dans l'infanterie. La cavalerie ayant plus de réputation, les nobles en préfèrent le service ; d'où il arrive que, étant ainsi

---

1. Le Discours de Michel Suriano ou Soriano a été inséré, par M. Ed. Mennéchet, à la suite de sa belle édition de l'*Estat de la France*, par Régnier de la Planche. (Paris, Techener, 1836.) Il le donne comme une traduction du manuscrit 790, de la Bibliothèque royale. Ce ne pouvait, cependant, être une nouveauté, car la même traduction se trouve imprimée à la suite de l'*Histoire de François II*, anonyme (par M^me Thiroux d'Arconville). Paris, Belin, 1783.) « C'est, dit le docteur Marsand, cité dans la préface de Mennéchet, un chef-d'œuvre de politique, de prudence, de franchise et de loyauté. » *Manuscritti italiani della Bibliotheca parigina*, p. 760.

composée, elle est plus courageuse et plus redoutable que celle des autres pays, qui se trouve mêlée de gens de toute espèce.

« Cette cavalerie est de deux sortes : l'une est soudoyée, l'autre sert par obligation ; c'est ce qu'on appelle communément l'arrière-ban. Ces troupes sont composées de nobles, obligés de servir le roi en personne, avec un nombre de chevaux proportionné à la qualité de leurs fiefs ; comme il y a beaucoup de nobles dans le royaume, ces troupes sont fort nombreuses.

« Les troupes les plus vigoureuses sont certainement celles des hommes d'armes et des archers soudoyés ; elles sont ordinairement bonnes, bien armées et bien montées. Ce royaume n'a point, à la vérité, de races de chevaux de guerre, mais on en achète en d'autres pays, sans même regarder au prix.

« Les hommes d'armes sont obligés d'avoir deux chevaux seulement, l'un desquels est destiné à servir de monture. Pendant la guerre, ils n'en ont pas moins de quatre.

« Les compagnies d'hommes d'armes sont composées de cinquante ou de cent. Elles n'ont d'autre capitaine que le roi, le connétable, les quatre maréchaux de France et quelques grands princes.

« Avec les compagnies des hommes d'armes, se trouvent les chevau-légers, qui sont armés à la légère, puis les archers qui portent une arquebuse à l'arçon. C'est une institution de François Ier ; mais elle nuit plus qu'elle n'est utile.

« Les archers, dans les temps de guerre, sont toujours plus nombreux d'un tiers que les hommes d'armes ; ils amènent un seul cheval.

« Depuis quelque temps, le nombre des hommes d'armes n'a jamais dépassé trois mille ; celui des archers quatre mille cinq cents ; maintenant ils sont réduits à un plus petit nombre, à cause des frais qu'ils occasionnent. Il n'y a point en France d'autre sorte de cavalerie que celle dont je viens deparler, excepté le corps de la maison du roi, qui va avec sa cornette et peut composer environ mille chevaux. Et quoique, dans la guerre, on ait eu des maréchaux allemands, des troupes légères albanaises, italiennes et même anglaises, néanmoins les armées n'en étaient pas fort augmentées, leur nombre ne formant pas un corps considérable. »

Pour contrôler ces documents, nous avons recherché quel a pu être le rôle de la cavalerie pendant les guerres religieuses qui ont désolé la dernière moitié du XVIe siècle et une partie du XVIIe.

A travers le peu de précision des historiens, on aperçoit que l'armée royale fut, en général, un peu plus forte que celle des calvinistes, qu'elle contint habituellement douze ou quinze mille hommes d'infanterie, et trois ou quatre mille chevaux. Nombre d'étrangers faisaient partie des deux armées. Les « reîtres, » cavaliers allemands (*ritters*), formaient une partie de la cavalerie huguenote, et les « lansquenets » (*land-knechs*), une partie de leur infanterie, avec des auxiliaires anglais. L'armée royale, de son côté, renforçait son infanterie par les Suisses et sa cavalerie par des Allemands, des Espagnols, des Italiens. Le 28 septembre 1591, le vicomte de Turenne et le prince d'Anhalt amenèrent d'Allemagne à Henri IV cinq mille cinq cents chevaux et onze mille hommes de pied[1]. Le sieur de Mès, ambassadeur du roi à Venise, enrôla, selon Davila, dans l'État vénitien, trois cents cavaliers commandés par le comte Pausanias del Bracchio-Duro. Ils figurèrent au siège de Caudebec, en 1592. Les Albanais, signalés par Suriano, faisaient partie de l'armée catholique, à Coutras, et contribuèrent à sa défaite, en courant au pillage au lieu de marcher à l'ennemi. A la bataille de Saint-Denis, l'amiral Coligny montait un cheval turc qui, par sa fougue, faillit le livrer à l'ennemi.

Sous le règne de Louis XIII, l'armée arriva à de plus minces proportions encore. Le roi entreprit sa campagne de 1622, contre Soubise, avec une armée de huit mille hommes, dont deux mille

---

1. *Revue des Deux Mondes*, 15 mars 1876, article *Louise de Coligny*, par M. Marchegay.

de cavalerie. Celle de Soubise était à peu près de même nombre en cavalerie et infanterie.

## XXIX

### LES ÉCUYERS

A l'âge des chevaliers qui montèrent le destrier pour le précipiter dans les combats, et la haquenée pour chevaucher machinalement dans l'intervalle, succéda l'âge des écuyers. Ceux-ci se plurent à étudier tous les ressorts de l'animal intéressant auquel ils avaient voué leur vie. Avant eux, l'équitation était une pratique traditionnelle qui s'apprenait dans les châteaux des seigneurs, où les jeunes gentilshommes venaient remplir les offices de pages. On leur enseignait à manier les armes et les chevaux, à diriger les chiens et les faucons; ils devenaient cavaliers par l'exemple et l'habitude, et surtout par la nécessité de se tenir en selle au milieu des épreuves. Ils s'exerçaient aussi à enlever la bague et frapper la quintaine, école préparatoire des tournois.

Les écuyers raisonnèrent sur la nature du cheval et en déduisirent la manière de tirer parti de ses facultés. La science des écuyers eut pour berceau l'Italie, d'où partirent en même temps la plupart des progrès dont l'ensemble forme cette grande phase de l'esprit humain, appelée la Renaissance.

C'est d'Italie aussi que nous vint l'usage des carrosses, à la suite du mariage de Catherine de Médicis qui amena le premier. Jean de Laval-Boisdauphin, que son embonpoint empêchait de monter à cheval, s'empressa d'adopter ce nouveau mode de transport. Peu après, on remarqua celui de Diane, fille naturelle de Henri II, d'abord épouse d'Horace Farnèse, puis de François de Montmorency qu'elle sauva de la Saint-Barthélemy. Christophe de Thou en eut un après avoir été nommé premier président du Parlement de Paris. Mais sa femme, par modestie, continua de monter en croupe derrière un domestique, et fut louée de cet exemple de modération, dans la harangue prononcée par l'archevêque de Bourges, aux États de Blois de 1588, au sujet des envahissements du luxe.

Catherine de Médicis fut aussi une habile amazone. On lui attribue un changement important dans l'équitation féminin. Avant elle, les dames montaient, soit à califourchon, soit assises de côté, les deux pieds sur une planchette, servant d'étrier, pendant qu'un haut troussequin leur contre-boutait les reins. Elle imagina un moyen terme : la selle à crochet, qui plaça le visage dans la direction suivie par la monture et qui eut en outre l'avantage de laisser entrevoir une jambe très bien faite.

Après Grison et Pignatel, écuyers de Naples, parurent en France La Broue, leur élève, puis René de Menou et Pluvinel, et, en Angleterre, Blundeville et le duc de Newcastle.

## XXX

### NEWCASTLE

Guillaume Cavendish, comte, marquis, puis duc de Newcastle, fut honoré de la faveur de Jacques I$^{er}$ et de Charles I$^{er}$, rois d'Angleterre, et fait gouverneur du jeune prince de Galles, qui fut depuis Charles II. Il commanda une armée dans la guerre civile qui aboutit à la mort de Charles I$^{er}$, et il y sacrifia sa fortune. Après avoir perdu la bataille de Marston-Moor, Newcastle se réfugia dans les Pays-Bas. Il éleva, dans la ville d'Anvers, un manège qui charma les loisirs de l'exil et devint une école célèbre d'équitation. Sa renommée fut telle qu'elle lui attira les visites et, on peut le dire, les hommages de plusieurs princes de l'Europe. Don Juan d'Autriche, gouverneur des Pays-Bas, le duc d'Arscot, le marquis de Caracéna, le landgrave de Hesse, la reine Christine de Suède, le prince d'Oldenbourg vinrent pour le voir monter ses chevaux.

Dans sa « Méthode nouvelle pour dresser les

chevaux, » il nous initie aux débuts récents de l'équitation. « L'art de monter à cheval, dit-il, doit son invention et ses progrès à l'Italie. Ce sont les Italiens qui ont trouvé des règles pour mettre en pratique les préceptes qu'ils avaient inventés pour dresser les chevaux et les rendre capables de servir utilement à la guerre et de donner toute la satisfaction et le plaisir possibles dans la carrière. Et, comme ils mettaient, eux seuls, ce bel art en pratique, les Français et les autres nations désireuses d'apprendre étaient obligés d'aller en Italie pour s'y perfectionner. Naples était le principal siège de l'académie, et Rome ensuite, où les Français abordaient en foule pour se rendre hommes de cheval. Mais tous ceux qui voulaient parvenir à une plus grande perfection passaient à Naples, où on les tenait deux ou trois ans avant qu'on leur dît seulement s'ils étaient capables d'apprendre et de réussir en cet exercice, tant ces écuyers savaient bien faire valoir leurs talents!

« Le premier qui ait écrit se nommait Frédéric Grison, Napolitain, et véritablement il a écrit en homme de cheval, et des plus habiles en cet art qui n'était alors que dans son enfance. C'est sur le chemin, par lui frayé, que les Français ont depuis poussé cet art à la perfection. Il n'est pas moins glorieux à Grison d'avoir, le premier, saisi la plume pour si bien écrire qu'il l'a fait. Henri VIII envoya quérir deux écuyers italiens, qui avaient été ses écoliers, pour le venir trouver en Angleterre. Mais le plus fameux écuyer qu'il y ait jamais eu en Italie, est un signor Jean-Baptiste Pignatel, Napolitain, lequel n'a jamais écrit. M. de La Broue monta sous lui cinq ans, M. de Pluvinel neuf ans et M. de Saint-Antoine plusieurs années[1].

« Ces trois Français, disciples de Pignatel, peuplèrent la France d'écuyers français, tandis qu'auparavant elle ne l'était que d'écuyers italiens. M. de La Broue fut le premier qui écrivit de l'art de monter à cheval, en langue française. Son livre est fort éloquent, et ceux qui le peuvent goûter sont charmés de sa belle manière de s'énoncer. Il est savant et soigneux de ne laisser aucun doute dans l'esprit du lecteur : son livre est plein des leçons de Pignatel, et il y fait paraître un caractère de sagesse et de conduite admirable[2]. »

---

[1]. Henri IV ayant fait don à Jacques Ier, roi d'Angleterre, de six chevaux pour le remercier d'un traité d'alliance, les fit présenter par M. de Saint-Antoine. Voici comment Sully raconte le fait : « Le présent du Roi fut six chevaux, parfaitement beaux et bien dressés et richement caparaçonnés; Henri y joignit un autre don qui devait être bien plus estimé et bien plus considérable encore, je veux dire la personne de M. de Saint-Antoine, le plus excellent homme de cheval qu'on connût. » (*Mémoires de Sully*, année 1603.)

[2]. Ce grand éloge de La Broue est curieux à mettre en regard de la critique amère que fait, du même auteur, Paul-Louis Courier, dans sa traduction de l'*Équitation*, de Xénophon. Il y traite La Broue d'homme inintelligent et lui reproche d'avoir

Newcastle justifie le manège, qui avait alors beaucoup de frondeurs, comme n'étant qu'un jeu sans application. Il cite parmi les hommes de cheval les plus distingués de son temps, le roi Charles II, le connétable de Montmorency, François de Lorraine, le grand Condé[1].

Il explique ensuite comment il a trouvé sa méthode.

« J'ai observé et entendu discourir tous les hommes de cheval; j'ai lu tout ce qui a été écrit sur la matière; j'ai pratiqué d'après ces leçons, et, durant tout ce temps-là, j'ai cru ma peine perdue, et j'ai pensé qu'il y avait quelque chose à découvrir dont ni eux ni leurs livres ne faisaient mention. J'ai enfin trouvé ma méthode par une

---

écrit un livre indigne d'être lu. Mais Courier ne se rend pas compte des difficultés de l'enfantement en toutes choses. Il s'agissait alors de tirer l'équitation du néant, la lumière des ténèbres, de produire, en un mot, la *renaissance*, pour ne pas dire la création de l'équitation. Car le traité de Xénophon, pas plus que la tradition des chevaliers, ne jetait beaucoup de jour sur l'équitation telle qu'elle est devenue au xix$^e$ siècle. La Broue, Newcastle, La Guérinière lui-même n'ont pu traiter de l'équitation avec la clarté et la précision des maîtres de nos jours, les d'Aure, Lancosmes-Brèves, Baucher, de Montigny.

1. Le connétable Anne de Montmorency fut tué à la bataille de Saint-Denis, en 1563, âgé de 74 ans. Son fils, Henri, qui fut aussi connétable, mourut en 1614, âgé de 75 ans; ni l'un ni l'autre ne fut contemporain de Newcastle; ils ne devaient pas être de son école. François de Lorraine en question fut-il le comte d'Harcourt? Celui-là du moins fut le contemporain de Newcastle, aussi bien que le grand Condé.

très longue expérience qui m'a appris que presque tous les chevaux ont besoin d'être assouplis, qu'il faut surtout dénouer et dégourdir les épaules, et ensuite toutes les autres parties de leur corps ; que, plus les chevaux seront souples, plus ils seront agréables et plaisants dans leur manège et en toutes les actions dont ils seront recherchés : qu'ainsi il faut avoir recours aux leçons qui peuvent contribuer à cet assouplissement. Je dressais toutes sortes de chevaux, de quelque pays ou tempérament qu'ils fussent, de quelque disposition, force ou faiblesse qu'ils pussent être ; pleins de feu, lourds, pesants et paresseux, et, qui plus est, les cavales, les guildins (hongres, en anglais *gelding*) et les bidets ; en un mot tous ceux qui me tombaient sous la main. »

Ces lignes ne semblent-elles pas avoir été écrites par feu Baucher qui, grâce aux assouplissements, prétendait redresser tous les torts de la nature envers les chevaux. Ceci nous rappelle aussi un peu ce que dit César des Germains de son temps, qui rendaient leurs haridelles bonnes à force de les exercer. La théorie des assouplissements est aujourd'hui admise dans tous les manèges. Un cheval ne peut être obéissant et agréable sous le cavalier, au manège, à la chasse, à la guerre, qu'autant qu'il cède aux flexions d'encolure, d'épaules et de hanches. Mais l'équitation de

Newcastle, de Baucher, de La Guérinière lui-même, a surtout en vue les exercices du cheval dans une enceinte resserrée, dans un manège, dans un cirque, ou sur une promenade publique. Newcastle insiste beaucoup sur les voltes, les ballotades, les cabrioles. Faire piaffer le cheval, lui faire exécuter un galop de 1 kilomètre à l'heure a toujours été le tableau recherché de cette école. On a justement reproché aux flexions excessives de diminuer les moyens du cheval que l'on veut porter en avant, et de lui enlever cette fermeté d'allures, si nécessaire à la guerre ou à la chasse. De nos jours, le sport a changé cela, et l'équitation est devenue une heureuse transaction entre l'entraînement et le manège.

Les écuyers qui nous ont parlé du cheval, depuis Grison jusqu'à La Guérinière, l'ont toujours considéré à leur point de vue. Ils l'ont cherché léger, souple, obéissant et taillé pour les airs de manège. Si, à ces dispositions, le cheval joignait du brillant et de l'aptitude pour l'officier de cavalerie, il était parfait. On mentionnait le cheval de carrosse comme un animal d'une autre sorte. Le cheval de course était inconnu ailleurs qu'en Angleterre, et le cheval de trait était relégué parmi les bœufs et les mulets dont un écuyer n'a pas à s'occuper.

En devisant sur les chevaux le plus à leur convenance, les écuyers n'ont pas manqué de nous faire connaître les variétés de chevaux qu'ils employèrent. Ces renseignements sont précieux, car ils établissent, pour leur temps, ce que nous pourrions appeler la géographie chevaline.

Tous sont d'accord pour mettre au premier rang le cheval d'Espagne et à attribuer le second au cheval barbe. Nous avons consacré un chapitre à chacun de ces chevaux.

Le cheval napolitain était plus grand et plus fort que le barbe et l'espagnol, mais il avait la tête grosse, la charpente épaisse, et il était loin de satisfaire l'écuyer autant que les deux autres. Sa race avait souffert, à cette époque, des récentes guerres de Naples ; elle était en voie de disparaître au temps de Newcastle. Cependant, un siècle plus tard, La Guérinière la cite comme fournissant de bons chevaux d'attelage. Le duc de Toscane possédait alors le plus beau haras de l'Italie. Plus tard, cette bonne fortune devint, selon Bourgelat, le partage de la Polésine, petit pays de l'État vénitien, arrosé par le delta du Pô et le cours inférieur de l'Adige.

Les chevaux arabes étaient tellement rares et si peu connus, en dépit de leur renommée, qu'on ne savait quel jugement en porter. Newcastle n'en vit qu'un, amené d'Arabie par un marchand anglais, nommé Markham, qui le disait de la plus noble race. Ce cheval, acheté par le roi Jacques I$^{er}$, ne réussit pas sur les hippodromes, où ne couraient alors que des poneys anglais. Newcastle ne vit jamais d'extraordinaire en lui que le prix qu'il avait coûté : 12,000 francs; mais, ajoute-t-il, il avait été payé en roi.

Il a toujours été assez difficile de savoir ce que c'est qu'un cheval turc. Les Turcs ne sont pas de grands producteurs, et, aujourd'hui, ils ne connaissent guère, comme cheval d'élite, que le cheval arabe amené par les caravanes. Newcastle en vit trois seulement, conduits par un marchand à son manège d'Anvers, « fort jolis et fort fringants, mais mal proportionnés et taillés de même : la tête assez belle, mais qui ressemblait à celle d'un chameau, de fort beaux yeux, l'encolure mince et déliée, montant en arc; un peu grands de corps, la croupe de mulet, les jambes menues, mais extrêmement nerveuses, les pâturons bons et le sabot aussi; mais le dos un peu relevé comme le chameau. J'avais un gros et lourd paysan de palefrenier que je fis monter dessus; ils n'en firent pas plus de cas que si c'eût été une plume; ils ne paraissaient pas si propres pour le manège que pour la course. » Tout ceci peut s'appliquer à des chevaux arabes ou persans de choix médiocre.

Newcastle ajoute : « Les chevaux d'alentour de Constantinople sont des rosses mal qualifiées, au dire de M. Blundeville. Mais j'ai parlé à quantité de gentilshommes qui y avaient été et à des marchands qui en arrivaient, et qui demeuraient tous d'accord que les plus beaux du monde s'y voyaient; disant que, au temps des herbes nouvelles, l'on en voyait par centaines, attachés avec une corde qui tient à un piquet en terre, lesquels on change de place après que l'herbe est mangée. Ces chevaux sont parfaitement beaux et bien faits; on cite surtout ceux élevés dans la Caramanie, au pied du mont Taurus, d'où il sort tous les ans un nombre qu'on porte à douze cents, les plus beaux et les meilleurs de l'Asie. »

Ces derniers semblent être nos anciens chevaux de la Cappadoce, les chevaux de l'Argée, tant célébrés par Claudien. Ils seraient ainsi, selon suffisante vraisemblance, les fils, en ligne directe, du superbe nééen et des chevaux représentés par les bas-reliefs de Ninive. Les Turcs auraient devancé les Normands dans l'art d'engraisser les chevaux au piquet.

Remarquons, en outre, que, au dire de Niebuhr, les Turcs aiment autant les chevaux gras que les Arabes les méprisent. L'Arabe fait surtout cas d'un coursier mis en état, par son entraînement, de faire, dans le désert, de longues traites sans boire ni manger. « Il peut la faim, il peut la soif. » Le Turc, qui n'a pas de désert à traverser, préfère un cheval replet qui fait honneur à son harnais. Les Arabes vendant leurs chevaux fort dégagés de chair, et la longueur de la route les ayant en outre fatigués, ce système de pacage au piquet avait probablement pour objet de refaire, selon le goût des Turcs, les chevaux arrivés du désert. Les voyageurs récents nous représentent les chevaux nés en Anatolie comme ayant du sang; mais leur élevage est si imparfait que leurs formes et leurs qualités s'en ressentent.

Nous réserverons l'opinion de Newcastle sur le cheval anglais de son temps pour le moment où nous traiterons de la colonisation du pur sang en Angleterre.

Passant aux chevaux d'Allemagne, il dit : « Il y a peu de princes, en Allemagne, qui n'aient d'excellentes races de chevaux dans leurs haras. Leurs étalons sont toujours coursiers de Naples ou d'Espagne, ou turcs ou barbes. Comme ils tirent race de ces étalons, les cavales deviennent fines comme les pères. J'ai eu deux beaux chevaux du haras du prince d'Oldenbourg, les plus fins que j'aie vus. Le prince m'avait fait présent de ces deux chevaux. »

Il arrive ensuite à la description du véritable indigène : « Le frison, dit-il, est encore moins sage que l'anglais; mais, quand une fois il est dressé, il n'y en a point qui se manie mieux ni plus agréablement à toutes sortes d'airs, et il n'y en a point de plus grand service que lui, soit pour le manège, soit pour le combat particulier ou pour la guerre; il est hardi et se nourrit de toute chose; il endure le froid et le chaud également; il n'est point de cheval sur lequel un homme paraisse mieux que sur celui-ci, tant il est doux, hardi et assuré; il est vigoureux et propre à tout exercice, hormis à celui de la course de longueur. »

Newcastle parle, mais sans éloge, des chevaux de la Hongrie, de la Pologne et de la Suède. Il ne dit pas un mot du cheval français. Est-ce dédain national ou dédain hippique? C'est apparemment ce dernier, puisqu'il a parlé honorablement des écuyers français.

## XXXI

### RENÉ DE MENOU

René de Menou de Charnizay, gentilhomme de Touraine, qui a précédé Newcastle de peu de temps, nous dédommage du silence de l'écuyer d'Anvers, et nous parle amplement et sans trop de désavantage des chevaux français. « Les Français, dit-il, contre la coutume des autres nations, se servent de toutes sortes de chevaux ; ils sont curieux d'en faire venir de différents endroits, et même d'en élever dans toutes leurs provinces. Ceux desquels ils font état viennent d'Espagne (avec difficulté toutefois) ; il nous en arrive d'Italie, d'où ils viennent plus commodément. Mais, pourtant, les uns et les autres se recouvrent avec assez de peine[1], et encore fort peu de bons, les meilleures races étant à présent abâtardies ou perdues. Des turcs et des arabes, il nous en vient si peu que je n'en parlerai point. Les barbes nous sont plus fréquents que ceux d'Espagne et d'Italie, en ce qu'ils viennent par mer jusqu'à Marseille, et, là, nous pouvons en avoir tant que nous voulons. Mais ceux des pays étrangers qui nous sont le plus communs sont les chevaux d'Allemagne et de Flandre, d'autant que nous avons quantité de marchands en France qui en trafiquent, de sorte que presque tous les gentilshommes et marchands ne se servent que de ceux-là ; tellement que ce sont les plus ordinaires et lesquels nous avons en plus grande abondance. Toutefois, mon opinion est que ceux qui naissent en notre pays sont meilleurs que les uns et les autres. L'Auvergne et la Gascogne nous en produisent d'excellents ; le Limousin

---

1. Newcastle dit que, si l'on veut avoir un bon cheval d'Espagne, il faut l'envoyer choisir et acheter en Andalousie, par son écuyer. On voit dans la *Correspondance manuscrite de Colbert*, à la Bibliothèque nationale, que ce célèbre ministre fit venir, avec grande sollicitude et pour son usage, cinq chevaux d'Italie, dont il eut des nouvelles presque à chaque étape.

en a de fort bons ; le Poitou n'en doit ni à l'une ni à l'autre province ; la Normandie ne leur cède en rien ; la Bretagne nous en donne et même quantité de bêtes d'amble que nous tenons pour des meilleures ; la comté de Bourgogne (Franche-Comté) nous en fournit quelques-uns, mais ils ne sont si bons que les autres.

« Les chevaux d'Auvergne et de Gascogne, continue-t-il (et sans doute, par ces derniers, il désigne les chevaux de la Navarre) sont de la même taille que les chevaux d'Espagne ; mais ils ne sont pas si nobles et si bien proportionnés, et la plupart sont haut montés sur jambes, lesquelles, même, ils ont plus faibles ; ils sont de grande force et pleins de feu, mais ils n'ont pas tant de gentillesse et de bon naturel que les autres ; au contraire, ils sont colères et fort malicieux, et le plus souvent ennemis des hommes et des autres chevaux. »

Les hautes jambes et le mauvais vouloir contre hommes et chevaux devaient être le résultat d'une éducation abandonnée dans les bois, sans une nourriture supplémentaire contre le chômage des saisons ; et l'insuffisance de la nourriture prolongeait jusqu'à sept ans l'enfance indisciplinée de ces animaux avant qu'on s'en servît. Cette regrettable éducation a dû porter atteinte, avec le temps, aux qualités ici tracées.

« Les Limousins, continue le sieur de Charnizay, ont accoutumé de faire leurs haras de chevaux d'Espagne et d'Italie et de juments d'Allemagne, si bien que les chevaux qui en viennent sont ordinairement plus chargés de chair que les chevaux d'Italie. Ils naissent grands et forts, mais ils sont sujets aux mêmes incommodités que les chevaux d'Allemagne, d'autant que le pays est humide et fort couvert de bois. Leurs inclinations sont d'être vicieux, d'autant qu'on les retire trop tard du haras, et ne sont jamais en bonté (quand ils se peuvent rencontrer bons), qu'ils ne prennent sept années [1]. »

Voilà une définition du cheval limousin, écrite, il y a deux siècles et demi, qui se présente comme une révélation de l'autre monde. Quoi! le cheval limousin serait issu de juments allemandes, toutes pétries de lymphe! Avait-on l'idée, par là, d'opposer un contrepoids au système nerveux développé en excès par le climat limousin? L'idée semble rationnelle, cependant le système n'a pas été maintenu. Il est admis, aujourd'hui, en Limousin, que le cheval lymphatique n'y peut prospérer.

Les Poitevins, selon Menou, soignent mieux leurs chevaux que les Limousins, tout en suivant

---

1. L'*Écuyer français,* par René de Menou de Charnizay, Paris, Étienne Loyson 1671.

la même méthode pour la génération ; aussi leurs chevaux réussissent-ils mieux et sont-ils plus tôt en état de rendre service.

« Les chevaux de Normandie, continue Menou, ne se trouvent pas communément de taille si forte que ceux du Poitou, d'autant que les cavales sont volontiers de Bretagne, qui sont plus *trapes* que celles d'Allemagne, mais elles sont bien plus vigoureuses ; et pour les étalons on se sert le plus souvent de barbes ou de chevaux d'Espagne, qui est la raison qu'ils ne sont si forts que les limousins et les poitevins, mais ils ne laissent pas que de se trouver fort bons, et même il s'y en rencontre peu de mauvais. Ils sont de meilleure nature que ceux d'Auvergne et du Limousin, et s'accommodent mieux à la volonté du cavalier ; ils sont fort vigoureux et bons au travail et si ne laissent d'être gentils et légers. »

Voilà encore d'étranges révélations ! Les chevaux normands moins grands et moins forts que les poitevins et les limousins, produits, non par des éléments indigènes, mais par des juments bretonnes, servies par des étalons barbes ou espagnols ! Le chaos décrit par Ovide n'est guère plus embrouillé que celui-là.

« La taille des chevaux de Bretagne approche de celle des chevaux d'Allemagne, sinon qu'ils sont plus petits et moins chargés de chair ; les jambes plus nerveuses, plus sèches et moins pelues, les pieds plus beaux, meilleurs et plus relevés du talon, la tête plus sèche et moins chargée d'encolure. Et la raison est que la plupart de leurs cavales sont anglaises ou écossaises, et leurs étalons sont chevaux de Danemark ou d'Allemagne. Ils sont excellents pour le travail, hardis et courageux, et se trouvent le plus souvent légers, vigoureux et propres à ce qu'on les désire mettre. »

Tout ceci semble encore chaos; on se demande comment les poulinières anglaises et écossaises affluaient en Bretagne, et les juments allemandes en Limousin, Poitou et Normandie.

« Les chevaux du Comté (Franche-Comté) ne sont pas si bons que ceux ci-dessus, d'autant qu'il n'y a personne qui soit soigneux d'avoir ni cavales propres pour le haras, ni étalons bons et de belle taille. Il n'y a que les paysans qui font couvrir leurs juments aux premiers chevaux qu'ils rencontrent, ne désirant autre chose que d'en avoir pour le labourage, si bien que la plupart de ceux qui en viennent sont chevaux tout abâtardis. »

A la bonne heure, voilà qui est clair. Ce système s'est pratiqué, non seulement en Franche-Comté, mais sur bien d'autres points de la France et s'y pratique encore.

Les appréciations de Menou pour les chevaux d'Espagne, de Barbarie et d'Italie sont à peu près les mêmes que celles de Newcastle ; elles diffèrent davantage pour les chevaux d'Allemagne qui lui paraissent gros, lourds, communs, et ayant les jambes pelues.

L'effet des haras princiers, dont parle Newcastle, cinquante ans plus tard, n'était sans doute pas produit au temps de René de Menou.

## XXXII

### PLUVINEL

Dans la dédicace de son *Manège royal* au roi Louis XIII, Pluvinel dit :

« Les chevaux que nous avons le plus communément viennent d'Italie, où la plupart des races sont à présent perdues, tellement qu'il ne nous en arrive plus de si bons. D'Espagne nous en avons rarement, et encore ceux qui nous passent ne sont pas des meilleurs. De Turquie, il nous en vient si peu que nous n'en devons pas faire cas, quoiqu'ils soient très excellents et plus que ceux que j'ai nommés. Les barbes nous sont plus communs, ordinairement bons, et tous propres à faire quelque chose. L'Allemagne, la Flandre et l'Angleterre nous en donnent aussi. Mais, pour moi, Sire, je trouve que ceux qui naissent en votre royaume sont aussi bons ou meilleurs que ceux qui nous viennent des nations étrangères ; car j'en ai vus d'Auvergne, de Limosin, de Poitou, de Normandie, de Bretagne et de Bourgogne, très excellents. Et, si les princes et la noblesse de votre royaume étaient curieux de faire des races de chevaux, il n'y a lieu au monde où il y en eût de si bons. Car j'ai remarqué que ceux qui y naissent ont toutes les excellentes qualités requises au beau et bon cheval. Pour moi, je ne m'enquiers point de quel pays ils soient, quand je leur trouve bonne taille, beaux pieds et belles jambes, avec de la force et de la légèreté, une bonne et douce nature. Néanmoins, je fais grand cas des barbes pour la carrière et pour l'inclination qu'ils ont à manier avec une grande dextérité et une grâce plus particulière que les autres. »

Il est à remarquer que, pour les écuyers, les qualités essentielles du cheval ont été la douceur native, la souplesse, la docilité à se prêter aux airs du manège, toutes vertus qui devaient céder le pas à la vitesse, dans le « sport ».

Antoine de Pluvinel, gentilhomme de Dauphiné, était allé en Italie étudier sous Pignatel, et était devenu le meilleur élève de ce maître célèbre. De retour en France, il fut choisi par le duc d'Anjou pour être son premier écuyer, et il suivit ce prince, élu roi de Pologne ; puis il revint avec lui, quand le roi de Pologne fut appelé au trône de France, sous le nom de Henri III.

Aux qualités d'écuyer, Pluvinel joignait celles du diplomate; Henri IV l'envoya ambassadeur en Hollande; il le nomma ensuite sous-gouverneur du Dauphin, depuis Louis XIII.

Ce fut sous le règne de Henri IV que Pluvinel fonda en France le premier manège auquel il donna le nom d'Académie. La noblesse de France qui, jusque-là, allait étudier en Italie, se pressa dans son école.

Il enseigna l'équitation à son royal élève et en fit un homme de cheval. Héroard, médecin de Louis XIII, qui a écrit jour par jour la vie du roi, nous apprend que, dans les écuries du feu roi Henri IV, on distinguait particulièrement un cheval espagnol, isabelle, appelé « le Soleil ». Pluvinel aimait à le faire monter au jeune prince, qui le nommait « le grand cheval de papa ». On dirait que le peintre Gérard aurait connu ou pressenti ce cheval qu'il semble avoir représenté dans le tableau de l'entrée de Henri IV à Paris.

## XXXIII

### ORIGINE DES HARAS

On ne saurait douter que les idées de Pluvinel, ci-dessus énoncées et présentées au roi, jointes à l'infériorité numérique où était descendue la cavalerie, sous le règne de Louis XIII, n'aient contribué à démontrer la nécessité, pour le gouvernement, d'intervenir dans la production chevaline.

En France, comme dans les pays voisins, la noblesse avait le principal intérêt à la production du cheval de guerre. Cette production était très favorisée par le souverain et les seigneurs, en Espagne, en Italie, en Angleterre, en Allemagne. Elle l'était beaucoup moins en France où, de l'aveu de Suriano, de Menou, de Pluvinel lui-même, on aimait mieux acheter des chevaux étrangers que d'en élever ou d'en favoriser l'élevage sur ses terres.

Remarquons en outre que, sous le règne de Louis XIII, la noblesse subit une révolution; ses châteaux fortifiés furent démantelés et percés à jour; elle fut, ou poussée en exil, ou appelée à la cour et provoquée à y déployer un faste ruineux. Le ministre célèbre qui prit la part principale à ce changement de mœurs en mesura sans doute les conséquences. Aussi n'hésita-t-il pas à placer sous la responsabilité royale la production chevaline, réduite à un si fâcheux état, et qu'il fallait relever à tout prix. Ainsi, c'est au déclin de la féodalité que l'on voit le gouvernement royal se préoccuper des moyens de remonter sa cavalerie. Celle-ci était pourtant bien peu nombreuse, car, dans les campagnes de Louis XIII contre les protestants ou contre la Savoie, elle n'avait guère dépassé le chiffre de trois mille chevaux.

Richelieu, après avoir abattu les donjons et dispersé la noblesse, soit en l'enchaînant au luxe de la cour, soit en la poussant à l'exil ou à quelque destin pire encore, se trouva en face de la nécessité d'augmenter la cavalerie régulière ou « soudoyée » pour remplacer celle, volontaire, des hommes d'armes. Il lui répugna de chercher des chevaux à l'étranger, et apparemment il ne trouva pas sur le sol français de quoi remonter la faible cavalerie d'alors.

En conséquence, il fit rendre le premier édit pour établir l'intervention de l'État dans la production chevaline. Cet édit, daté de 1639, est motivé « sur la nécessité de faire cesser le transport d'or et d'argent hors du royaume pour faire acheter des chevaux, venant en France, d'Allemagne, Danemark, Espagne, Barbarie et autres pays étrangers, lequel argent excède cinq millions de livres par an. »

Voilà Richelieu d'accord avec Suriano, Menou et Pluvinel, sur l'affluence des chevaux étrangers et la pénurie ou le délaissement des races françaises. Malheureusement, sa mort suivit de près l'édit, et les troubles de la Fronde empêchèrent de donner une organisation sérieuse à ce premier essai législatif.

Mais Colbert vit le mouvement militaire du règne de Louis XIV en présence de la même pénurie et du même courant antiéconomique vers l'étranger; il fit rendre deux ordonnances, en 1665 et 1668, pour reprendre l'œuvre de Richelieu.

## XXXIV

### PREMIER SYSTÈME DES HARAS

L'intervention, créée par Colbert, ne comportait aucun établissement possédé par l'État, mais seulement des étalons achetés par le roi, soit en France, soit principalement à l'étranger, vu l'infériorité de la production française. Ces étalons étaient répartis chez des seigneurs ayant terres et fortune suffisantes, non seulement pour les nourrir, mais pour entretenir, en même temps, un nombre de cavales, afin d'utiliser, en partie du moins, les forces de ces étalons.

M. de Garsault, écuyer de la grande écurie du roi, fut nommé inspecteur général des haras du royaume. Les intendants furent chargés de veiller, dans les provinces, à la manière dont chaque haras particulier était administré.

Le petit-fils de l'inspecteur général, François-Alexandre de Garsault, connu par ses ouvrages d'hippologie, a publié une partie de la correspondance de Colbert avec son aïeul, et ces lettres jettent un jour intéressant sur le mode d'administration qui fut suivi.

Voici d'abord une lettre de Louis XIV lui-même, qui explique très bien la situation.

I. *A M. le marquis de Boiséon, gouverneur de Morlaix, en Basse-Bretagne.*

« La négligence, qui a été apportée, depuis quelque temps, à l'entretien des haras qui sont dans mon royaume, a été si grande que, comme à présent il est très difficile de trouver des chevaux capables de bien servir, l'on est contraint de les aller chercher dans les pays étrangers, ce qu'ayant considéré, et qu'il est nécessaire pour le bien de mon service et celui de mes sujets d'y pourvoir, je vous fais cette lettre pour vous exhorter de travailler incessamment, non seulement au rétablissement desdits haras, aux endroits où il y en avait déjà, mais aussi d'en faire de nouveaux aux lieux où les pâturages sont propres pour cet effet, à quoi me promettant que vous vaquerez avec soin, diligence et affection, je vous assurerai que vous ferez chose qui me sera très agréable et dont je vous saurai bon gré. » — 22 juillet 1663.

II. *De Colbert à Garsault.* — 9 nov. 1663.

« Je vous envoie une lettre du roi pour M. le marquis de Montausier, dans les termes que vous l'avez jugé nécessaire pour l'exciter fortement à tenir la main au rétablissement des haras en Normandie, et pour disposer la noblesse à élever, dans ses terres, un nombre de belles cavales. Vous trouverez, ci-joint, une vingtaine d'autres lettres, le nom en blanc, pour les distribuer aux principaux gentilshommes de la province. »

III. *Lettre-circulaire du roi aux principaux des provinces.*

« Monsieur,

« Ayant été informé par le sieur de Garsault, un de mes écuyers ordinaires en ma grande écurie, des diligences que vous avez faites pour avoir nombre de bonnes cavales pour l'établissement d'un haras dans vos terres et pour exciter tous les gentilshommes de votre province à suivre votre exemple, j'ai bien voulu vous témoigner, par cette lettre, le gré que je vous en sais et le désir que j'ai que vous continuiez et que vous vous appliquiez au rétablissement de mes haras, comme à une chose que j'ai fort à cœur et qui me sera fort agréable. »

IV. 26 *juillet* 1667. Le roi fait au duc de La Vieuville, en Poitou, les mêmes recommandations qu'il a faites à M. de Montausier pour les gentilshommes de Normandie.

V. 24 août 1668. — *Colbert à Garsault.*

« Quoique je désirasse vous revoir bientôt, je vous avoue que ces établissements sont d'une si grande conséquence que vous ne sauriez donner trop de temps et de loisir pour les bien faire, et tâcher de les faire réussir à la satisfaction du roi et de ceux qui y auront contribué sous les ordres de Sa Majesté. Observez encore s'il y aurait lieu d'établir des haras de grands chevaux pour le carrosse, parce que, si nous y pouvions une fois parvenir, nous retiendrions beaucoup d'argent au-dedans du royaume et priverions les Hollandais de celui qu'ils en tirent annuellement pour ces sortes de chevaux. Et vous ne devez pas douter que les intendants n'appuient cet établissement de toute l'étendue de leur pouvoir, le leur ayant plusieurs fois recommandé et me proposant de les exciter souvent par mes lettres.

« Et même, j'estime à propos que, quand il y aura quelques beaux chevaux, sortis des cavales qui auront été couvertes par les étalons donnés par le roi, il sera bon de les acheter pour Sa Majesté et même d'engager les gentilshommes, qui les auront nourris, de les Lui amener, afin que, leur faisant quelques gratifications, comme Elle le fera sans doute, cela convie la noblesse à s'appliquer encore plus fortement à rétablir la race des bons chevaux.

« Par les affaires qui se préparent, on aura un plus grand besoin de chevaux que jamais; et ce sera un grand bien, si, avec un peu de temps, on en peut trouver dans le royaume propres à la guerre. »

VI. *En* 1670. « J'espère un grand fruit du voyage que vous allez faire et de l'application que vous donnerez à mettre les haras dans le bon état que l'on peut souhaiter. Pour cet effet, excitez fortement les Commissaires (Intendants), qui sont établis dans les provinces, à bien faire leur devoir, et attachez-vous surtout à persuader aux peuples que le roi n'a d'autre dessein que de rétablir la race des bons chevaux dans son royaume, en leur faisant perdre la pensée qu'ils ont que Sa Majesté prendra pour Elle les poulains qui viendront des étalons. Et, pour plus facilement venir à bout de leur ôter toutes les mauvaises impressions qu'ils peuvent avoir, il faudra, de temps en temps, dans les foires des provinces, acheter pour Sa Majesté, les plus beaux poulains qui seront venus de ses étalons, et, en outre le prix que vous en payerez, il faudra encore donner un prix particulier de cent écus ou de quatre cents livres à celui qui aura eu le plus beau poulain. »

VII.... « Et comme le succès dépend principalement du soin qu'y apportent les Intendants, il est nécessaire que vous m'informiez de l'application que chacun y a, en particulier. »

VIII.... « Et vous devez prendre garde que la différence des esprits des Intendants n'apporte aucun préjudice à cet établissement qu'il est important de soutenir par tous les moyens possibles. J'écris de nouveau à tous les Intendants de redoubler leur application pour le faire réussir et d'exécuter ponctuellement toutes les choses dont vous serez convenu avec eux. Faites en sorte de bien connaître l'application que les Intendants donnent à faire réussir cet établissement. »

IX. 1ᵉʳ *août* 1674. « Je suis bien aise que le nombre des chevaux qui entrent dans le royaume ait diminué à mesure que les haras ont augmenté.

« Continuez à rechercher tous les moyens possibles pour augmenter toujours cet établissement, et mettre un plus grand nombre d'étalons dans toutes les provinces.

« Vous avez bien fait de faire connaître qu'il n'est pas à propos de défendre la vente des poulains qui se fait aux Savoyards et aux Piémontais, d'autant que plus ils seront recherchés et tant plus les peuples s'appliqueront aux haras. »

Ces lettres en disent plus que tous les autres documents sur la nature des haras établis par Colbert. Dans l'idée de ce grand ministre, les haras furent créés sur le même principe qui fit établir alors tant de manufactures de draps, de tapis, de glaces, de céramique, de soie. Il s'agissait d'empêcher l'argent de sortir du royaume, et de songer à produire chez soi, non seulement pour ses propres besoins, mais encore pour l'exportation. L'État, au lieu de se faire producteur, cherche à associer à son œuvre ceux qui se trouvent le plus en mesure de le faire. Il a appelé des industriels à seconder ses efforts pour l'établissement des manufactures; ici il s'adresse aux principaux propriétaires du sol pour une spéculation agricole. Ce sont, en général, des gentilshommes; il leur fait l'avance des étalons et stimule leur zèle à se procurer des cavales pour la production des poulains; il leur fait entrevoir des débouchés pour le service national, pour le commerce étranger, enfin des récompenses directes.

Les gentilshommes, détenteurs d'étalons et propriétaires de cavales, sont placés sous la surveillance des intendants et d'inspecteurs, soit généraux, soit locaux; sorte d'épreuve fort difficile à conduire à bien. Il suffit de parcourir les Rapports des intendants pour reconnaître la position délicate et difficile des uns vis-à-vis des autres. Les intendants étaient chargés de surveiller la noblesse, non seulement au point de vue des haras, mais à tout autre. Il rentrait dans leurs fonctions de vérifier tous les titres de la noblesse, et de condamner, comme roturiers, ceux qui ne faisaient pas une justification complète de leurs droits. Ils exerçaient l'espionnage le plus minutieux sur la noblesse.

La disposition inquiète de la noblesse à l'égard des intendants est exprimée par ces mots que Boulainvilliers a placés dans la préface de son *État de la France :* « La noblesse ne voyait pas qu'elle allait être dégradée au point d'être réduite à prouver son état devant ces juges nouveaux. Ces magistratures sont, par leur nature, pernicieuses au roi et à ses sujets. »

La noblesse put répondre avec un certain élan à l'appel direct du roi et aux habiles incitations du ministre, mais, après la mort de Colbert, en 1683, l'influence des intendants s'affaiblit vis-à-vis de la noblesse ; et les gentilshommes, pour n'avoir pas affaire à ces fonctionnaires, négligèrent la production confiée à leurs mains.

## XXXV

### LES MÉMOIRES DES INTENDANTS, EN 1698

La décadence fut rapide, ainsi qu'il est aisé de s'en convaincre en parcourant la collection des Mémoires rédigés par les intendants, en 1698, sur l'ordre du roi, accédant à la demande du duc de Bourgogne qui, si la mort ne l'eût prévenu, devait succéder au trône de son aïeul. Le jeune et studieux prince espérait, par ce recueil de documents, s'initier à la connaissance de ses devoirs futurs.

Le comte de Boulainvilliers a publié, à Londres, en 1727, une analyse de ces mémoires, dans son *État de la France*. Il les critique tous comme insuffisants, et sans doute ce n'est pas sans raison[1].

---

1. Le Comité des Travaux historiques, au ministère de l'instruction publique, vient de conclure à la publication *in extenso* de ces *Mémoires*, qui formeront six volumes in-4° dans la collection des Documents inédits de l'histoire de France.

L'industrie chevaline, par exemple, quand il en est question, n'occupe que quelques lignes, même en des provinces de première importance, telle que la Normandie. Cependant, en l'absence de documents satisfaisants, les moindres indices sont précieux à recueillir. Voici en quels termes singuliers la question est traitée dans le Mémoire de M. de Pommereuil, intendant de la généralité d'Alençon :

« On peut encore compter le commerce du beurre, des œufs, des sabots, des fourches en bois et, en dernier lieu, des chevaux qu'on élève dans le pays d'Auge. Ils sont petits et sujets à avoir la tête grosse. *On prétend* que c'est faute de bons étalons. » Et pourquoi ne s'en assurait-il pas, comme c'était son devoir ?

L'intendant de Caen ne dit pas un mot des chevaux. Celui de Picardie, M. Bignon, dit que « les marchands de Normandie tirent, par an, cinq ou six mille poulains des gouvernements de Calais et de Boulogne et les jettent dans les pâturages de la Normandie. » Ce dont apparemment les intendants de Caen et d'Alençon ne s'apercevaient pas, tant ils étaient préoccupés de la supériorité des œufs, du beurre et des sabots sur le commerce des chevaux.

L'intendant de Poitou, Maupeou d'Ableiges, un des plus maltraités par Boulainvilliers, nous apprend que les principales foires, dans l'élection des Sables-d'Olonne, se tenaient à Saint-Gervais,

Soullans et la Lande-en-Beauchesne (prieuré dépendant de Fontevrault, dans la commune de Sallertaine), et qu'il s'y vendait quantité de chevaux aux marchands de toute la France.

Suivant M. Ferrand, intendant du duché de Bourgogne, des pays de Gex et Bugey : « Il y a, dans la Bourgogne, trois cent soixante-huit étalons, fournis des fonds de la province. Les États imposent tous les ans 20,000 livres pour cette dépense. Le pays de Bresse a cinquante étalons et s'impose 6,000 livres tous les trois ans [1]. »

La Franche-Comté avait un intendant à part qui ne trouva autre chose à dire, sinon que la foire de Besançon, au mois de février, est la plus considérable pour le débit des chevaux et des bestiaux.

L'intendant du Perche énumère, d'une manière assez détaillée, les produits de sa province ; mais il ne dit rien des chevaux, dont la production, en effet, n'a pris d'importance, et dont la race ne s'est dessinée qu'après le décret de 1806. Telle est l'affirmation de feu M. Desvaux-Louzier, éleveur renommé à Mondoubleau et historiographe de la race percheronne.

[1]. Selon Philippe de Commines, le cheval que montait Charles VIII à la bataille de Fornoue et qui s'y montra si vaillant, était de Bresse. C'était le plus beau cheval connu de son temps. Il avait été donné au roi par le duc de Savoie, alors suzerain de la Bresse.

Selon l'intendant de Bretagne, M. de Nointel, « le premier commerce de l'évêché de Léon est celui du lin et des toiles; le second, celui des chevaux. Ils se vendent en quantité dans les foires du pays, dont les principales sont celles de la Martyre, de Folgoët et de la Nouvarneau[1]. Le nombre des chevaux que l'on emmène de tous les côtés est très grand. Il en sort, année commune, dix à douze mille, comme il est facile de le justifier par les registres, aux bureaux de sortie, sans compter ceux qui passent en fraude. On compte, dans cet évêché et dans celui de Tréguier, vingt mille cavales portières (poulinières), et le roi a beaucoup d'attention à fournir le pays d'étalons, toutes les années. Dans l'évêché de Quimper, le trafic des chevaux a valu considérablement pendant la guerre, parce que là se fournissait presque toute l'artillerie. »

D'après ce texte, on serait tenté de croire que le roi fournissait les étalons à la Bretagne. Ce n'était pas tout à fait ainsi. Les États de Bretagne étaient, comme ceux de Bourgogne, sollicités de les acheter et de les répartir. Ils le faisaient même d'assez mauvaise grâce, comme on le voit par la « tenue » des États.

En Languedoc, M. Lamoignon de Basville ne dit pas si les étalons étaient fournis par les États

---

1. Lanhouarneau (Finistère).

qui durent y être invités aussi bien qu'à aider de leurs subsides la construction du canal des Deux-Mers ; mais l'intendant se plaint de la pénurie de poulinières valables.

« Le Languedoc, dit-il, produit peu de chevaux. Il y a néanmoins quelques haras sur les bords de la Garonne et dans le Gévaudan où l'on pourrait élever de bons poulains, s'il y avait des juments de taille ; car il ne suffit pas d'y mettre des étalons de choix, il faudrait que la province fît un effort pour se peupler de belles juments et les distribuer dans les lieux de pâturages. Il est certain que l'on en pourrait tirer de bons chevaux, bien plus propres à la guerre que ceux d'Allemagne ou de Suisse. » L'intendant, qui a sérieusement considéré la perte immense que fait l'État, toutes les années, pendant la guerre, par l'argent qui sort du royaume pour la remonte de la cavalerie, a estimé que l'un des plus grands avantages que l'on peut lui procurer est de mettre chaque province en état de fournir autant de chevaux de la qualité qui pourra convenir. Mais il tient pour certain que « l'on a confié la direction des haras à des personnes sans bien et sans autorité ; au lieu que, à l'exemple de l'Espagne, l'on n'y peut employer de trop grands seigneurs, si l'on veut que les règlements soient observés au-dessus de l'intérêt personnel. Il serait, d'ailleurs, convenable de leur donner des pensions assez considérables pour les indemniser des dépenses où cette occupation les jetterait inévitablement. »

Voilà qui est très judicieusement raisonné ; mais il est probable que si l'on confiait les étalons de l'État à des propriétaires peu aisés, c'est qu'on ne trouvait pas de grands seigneurs qui voulussent s'en charger. Il paraît, d'après cela, qu'il y avait sacrifice pécuniaire à faire, sans compter l'ennui du contrôle de l'intendant envers une noblesse mal disposée à son égard.

« Le Maine, dit l'intendant de la généralité de Tours, Hue de Miromesnil, a beaucoup de landes servant de pâturage au bétail, qui est fort nombreux partout, hors au bas Maine, où les loups font des ravages qui le détruisent. On prétend que ces landes sont excellentes pour élever des chevaux. En effet, ceux du pays sont forts et vigoureux, mais ils sont petits ; ce qui vient du défaut d'étalons. » Le respectable intendant ignorait que, si le régime de la lande peut faire des petits chevaux vigoureux, il n'en peut faire de grands, quel que soit l'étalon.

M. Lefèvre d'Ormesson, intendant de Riom, constate que les chevaux qui naissent dans la province d'Auvergne « sont en général bons, vigoureux et sains, pourvu qu'on les attende jusqu'à six ans. Mais il fait une distinction judicieuse à l'égard des différents terrains où ils sont nourris. Ceux des environs du Mont-d'Or sont les meilleurs de tous, étant ordinairement bien taillés, nerveux, jamais sujets aux maux d'yeux et de jarrets; ceux des élections de Riom, Issoire et Brioude viennent après; enfin, ceux de la Limagne, qui sont plus carrossiers. »

L'auteur pense que l'imperfection des uns et des autres provient des mauvais étalons dont on se sert dans le pays; ce qui fait qu'ils ont la tête grosse, de larges oreilles et peu d'encolure. Le roi, instruit de la facilité avec laquelle on pourrait réparer ce mal, a fait espérer qu'on enverrait une centaine de cavales et trente étalons pour être distribués dans le pays. Il ajoute que les chevaux du Danemark sont les seuls qui aient réussi en Auvergne, et il assure que, si les étalons promis sont tirés de ce pays-là, l'espèce des chevaux sera bientôt rétablie en Auvergne. « Mais, dit-il encore, dans les montagnes de Brioude et d'Issoire, les chevaux d'Espagne et les barbes pourraient réussir comme étalons, si on les choisissait plus larges et plus épais qu'on ne l'a fait précédemment. On peut juger que le profit des chevaux, ainsi formés, serait grand, puisque, même dans l'état présent, qui ne peut être plus négligé, l'on vend les poulains presque toujours au-dessus de 200 livres. »

« Dans le Limousin, dit l'intendant, M. de Bernages, le commerce des chevaux est fort important à la province et à tout le royaume ; à la première, parce qu'il y apporte beaucoup d'argent ; au second, parce qu'aucun des pays qu'il renferme n'en produit de meilleurs que le Limousin. Il faut les attendre avec patience jusqu'à sept ou huit ans; après cela, ils sont excellents. Ce commerce avait fort diminué par la faute qu'on avait faite de remplir la province d'étalons qui n'y étaient pas propres. Il n'y a que les barbes et les chevaux d'Espagne, ou des chevaux fort déchargés qui puissent y réussir. Et depuis que l'expérience l'a fait sentir aux directeurs, ils se sont efforcés d'y remédier ; de sorte qu'on peut espérer que ce commerce se rétablira comme par le passé. Les foires principales où se fait le débit des chevaux sont celles de Chalus et de Limoges ; il s'y rend grand nombre de chevaux et particulièrement des poulains qui sont conduits dans le Périgord et l'Angoumois, où des gentilshommes, entendus dans ce négoce, les nourrissent et les vendent ensuite très chèrement. »

Qu'il nous soit permis de compléter cette notice sur les chevaux limousins, par une citation de la remarquable Statistique du département de la Haute-Vienne, publiée par M. Texier-Olivier, préfet de ce département, sous le premier Empire [1].

---

[1]. Un vol in-4°, Imprimerie impériale, 1808.

« Avant le ministère de Colbert, les haras étaient presque anéantis dans le Limousin. C'est lui qui s'occupa, le premier, de les régénérer. Il y envoya de bons étalons, et, par des encouragements distribués aux propriétaires, il parvint à tourner leur spéculation vers ce genre d'industrie. Les chevaux limousins acquirent alors de la célébrité. L'agriculture y trouva des avantages et le commerce des bénéfices. Mais cette émulation ne fut pas de longue durée. Les successeurs de Colbert, peu jaloux de marcher sur ses traces, ne s'attachèrent pas à soutenir les établissements qu'il avait formés; ils supprimèrent les gratifications accordées aux cultivateurs et négligèrent de renouveler les étalons. Les seigneurs, en s'approchant de la cour, abandonnèrent la culture de leur terre à des fermiers ou à des régisseurs qui étaient loin de partager leur goût pour les belles races. Les haras retombèrent ainsi dans leur premier état de dégénération.

« Le maréchal de Turenne, gouverneur du Limousin et possesseur de terres considérables en cette province[1], voulut y rétablir cette branche précieuse d'économie publique; il y fit distribuer un assez grand nombre de chevaux espagnols et barbes. On assure qu'il s'en procura de l'Arabie

---

1. La vicomté de Turenne était en Limousin; son territoire fait aujourd'hui partie de l'arrondissement de Brives, dans la Corrèze.

et que c'est de ces nouveaux étalons que descendent les chevaux limousins. La fameuse *Pie*, qu'il monta jusqu'à son décès, était un rejeton de ces races asiatiques ou africaines. Dans la suite, la direction des haras fut confiée aux intendants des provinces, qui y mirent beaucoup de négligence. On fit, en 1717, des règlements qui contrariaient les intérêts et la liberté des propriétaires, et qui finirent par les décourager : le commerce des chevaux fut encore une fois anéanti ; ce ne fut que sur la fin du règne de Louis XV qu'il reprit de la faveur. »

L'ensemble de ces documents est assez confus ; on y voit que les intendants mettaient médiocrement de zèle et appliquaient peu leur intelligence pour faire prospérer cette « branche d'industrie » confiée à leur direction. Si on en cherche la raison, elle est dans les lettres publiées par Garsault, et dans la préface de Boulainvilliers, où l'on voit la difficulté de faire marcher ensemble les intendants et la noblesse, qui étaient deux puissances rivales, pour ne pas dire ennemies. Le plus clair, c'est que l'initiative privée était nulle partout, et que le poulain ne recevait d'autre soin que celui du pâturage. Le bénéfice de l'étalon est difficile à faire prévaloir à travers l'insuffisance de l'herbage et de l'éleveur. Aussi, dès que l'action de l'État se relâchait pour le nombre des étalons, ou si des erreurs d'appropriation du cheval au sol étaient commises, les productions descendaient au plus bas degré.

## XXXVI

### ÉDIT DE 1717

L'insuffisance des résultats obtenus provoqua, vers la fin du règne de Louis XIV, un nouvel effort du gouvernement pour intervenir, d'une manière plus efficace, dans la production. Ce fut l'objet d'un édit qui ne parut que deux ans après la mort du grand roi, en 1717.

Deux modifications importantes furent produites par cet édit. Par l'une, les étalons royaux, au lieu d'être tous distribués aux feudataires, ne le furent qu'en partie ; un tiers environ fut réservé pour être entretenu directement sur les fonds de l'État ou des provinces. Par l'autre, on ne rechercha plus autant les grands propriétaires pour être dépositaires d'étalons. On choisit, parmi la bourgeoisie et les riches fermiers, des hommes de bonne volonté, auxquels on conféra le titre de garde-étalons ; et, comme cette charge devait être indemnisée, elle le fut, selon l'usage du temps, par diverses immunités, comme la jouissance du prix rémunérateur du service des étalons, l'exemption du logement des gens de guerre, la remise de la taille en tout ou en partie. Des abbayes furent dépositaires d'étalons.

Ces dispositions exprimaient un effort nouveau, tenté pour faire prospérer la production. Mais la manie de tout réglementer, inhérente à nos gouvernements, fut poussée à l'excès, et dans l'édit lui-même et dans les instructions qui le suivirent, pour en assurer l'exécution. Ainsi les propriétaires de poulinières ne furent pas libres de conduire leurs cavales à l'étalon de leur choix. Les inspecteurs attribuèrent chaque jument à un étalon déterminé. On ne pouvait la conduire à un autre, et, si on ne la présentait à aucun, le prix du saut n'était pas moins dû au détenteur de l'étalon indiqué. Plusieurs autres minuties, aussi mal raisonnées, diminuèrent l'efficacité des étalons royaux. Les intendants, chargés de la direction, étaient, pour la plupart, étrangers à cette matière, et comme elle leur était médiocrement agréable, ils négligèrent cette branche de leur service et s'en rapportèrent aux inspecteurs des provinces. Ceux-ci marchaient au hasard entre une théorie mal assurée et une pratique non moins incertaine. Voilà ce qui explique le dégoût des principaux éleveurs du Limousin, à la suite de l'édit de 1717, signalé par le préfet de la Haute-Vienne, M. Texier-Olivier.

## XXXVII

### LE HARAS DU PIN

Les produits des étalons royaux avec les poulinières privées n'ayant pas satisfait Louis XIV, le roi conçut la pensée d'établir, pour son compte particulier, un haras dont les élèves seraient destinés au service de sa maison, mais dont l'action servirait en même temps d'exemple et d'auxiliaire à l'industrie privée. Cette pensée a dû être connexe à celle qui inspira l'édit réformateur de 1717, mais elle le précéda de trois ans, pour l'exécution.

Nous avons vu que René de Menou, sous le règne de Henri IV, a représenté les chevaux normands comme moins forts que les limousins, que les intendants de 1698 placent l'importance de la production chevaline normande au-dessous de celle des œufs, du beurre et des sabots, et qu'ils signalent les chevaux de cette province comme informes et porteurs de grosses têtes.

Quel heureux génie inspira donc à Louis XIV, quinze ans seulement après d'aussi tristes documents, la pensée de choisir la verdoyante Normandie pour être le siège du grand établissement qu'il méditait en vue de la régénération chevaline? Ses longues guerres avaient, dit-on, épuisé la France de chevaux. Ce fait est peu admissible, car la guerre, tant qu'elle ne procède pas par des réquisitions barbares, est le consommateur le plus stimulant de la production chevaline, destinée à son usage. Mais ces guerres avaient démontré que la production française, dans sa condition traditionnelle, était insuffisante pour satisfaire au besoin des nouvelles armées. L'historien Henri Martin nous fait remarquer que, dans les armées de Louis XIV, la proportion de la cavalerie sur l'infanterie dépassa les usages précédemment établis. Louis XIV n'avait pas trouvé assez de chevaux en France et avait été obligé d'en acheter beaucoup au dehors, ce qui n'est pas facile lorsqu'on est en guerre avec les pays de production. Sa maison, très équestre, se remontait en chevaux d'Espagne, d'Italie et de Barbarie, et tout cela faisait sortir beaucoup d'argent du royaume.

Pour se dégager de cette sujétion et pour s'assurer des produits supérieurs à ceux jusque-là obtenus, Louis XIV résolut de créer un grand établissement où il rassemblerait non seulement des étalons de choix, mais encore des poulinières, car celles qui existaient en France, après une si longue négligence dans l'élevage, étaient trop imparfaites pour donner promptement de bons résultats.

Le domaine du Pin, situé dans la paroisse

d'Exmes, au centre du Merlerault, fut choisi comme le lieu le plus propre à la création du haras projeté. Il fut acquis de M. de Nointel, conseiller d'État. On y adjoignit quelques propriétés dont il était entouré, afin de composer une terre digne de l'établissement que l'on avait en vue. Une partie de la forêt d'Exmes fut en outre défrichée pour en consacrer les terres au haras.

Le plan des bâtiments fut proposé à Louis XIV qui l'approuva un an avant sa mort. Les constructions furent aussitôt commencées, mais elles ne furent terminées que vers 1736, époque où M. de Garsault, petit-fils de l'inspecteur général, vint prendre la direction de l'établissement, avec le titre de capitaine du haras, et fut chargé d'en compléter l'organisation.

Le château, habité par les directeurs, est précédé de trois larges avenues, percées dans l'épaisseur du bois et convergeant vers la grille d'entrée. Les écuries sont distribuées à droite et à gauche, sur un plan symétrique; des succursales sont établies sur différents points du domaine.

« Ce haras, dit M. A. de Lespinats, un de ses directeurs, auquel nous empruntons ces détails, prit bientôt un développement proportionné aux ressources d'une contrée si largement dotée par la nature. Il eut pour mission de fournir les chevaux particuliers au service du roi, et en outre de répandre, en Normandie et au loin, les bienfaits d'une régénération améliorée. »

Les étalons et juments qui furent assemblés au Pin, dans l'origine, vinrent principalement d'Angleterre, de Danemark, d'Italie, d'Espagne et de Barbarie.

Mais la race normande, retrempée sous l'administration de M. de Garsault, à l'aide de ces éléments divers, ne tarda pas à faiblir après sa mort. La Guérinière, Bourgelat firent entendre leurs plaintes, de 1750 à 1765, sur la dégénération générale des chevaux. Était-ce l'effet malheureux des dispositions gênantes de l'édit de 1717? Était-ce insouciance incurable des éleveurs que les intendants stimulaient avec trop peu de zèle?

MM. Butler et de Briges, qui avaient succédé à M. de Garsault comme capitaines du haras du Pin, n'avaient pu lutter contre la décadence.

Enfin, en 1765, le prince de Lambesc, de la maison de Lorraine, grand écuyer de France, reçut la direction générale des haras, et le titre particulier de directeur du haras du Pin, où il vint résider. Il avait voyagé en Angleterre et avait remarqué la supériorité des chevaux anglais sur ceux du continent. Il basa, sur ce fait, son plan d'amélioration, et introduisit, autant qu'il le put, des étalons anglais avec un certain nombre de poulinières. Il dirigea le haras du Pin pendant vingt-six ans, jusqu'en 1791, époque où les haras s'effondrèrent dans la Révolution. Pendant son administration, il améliora la production normande dans la limite du possible, grâce à la vertu du sol qui permet de faire des chevaux solides et brillants.

## XXXVIII

### LA TÊTE BUSQUÉE

La tête busquée, qui s'est si fortement imposée à la Normandie, pendant plus d'un siècle, provint-elle de ces premiers étalons? Sans doute! — Il est à remarquer que la date de la grande vogue de cette tête coïncide à peu près avec celle de la création des haras du Pin. M. de Garsault qui, le premier, dirigea l'établissement, dit, dans ses ouvrages, que le chanfrein du cheval doit être droit ou busqué, et il signale, comme un défaut, le chanfrein camus, qu'il appelle nez cassé. La Guérinière a copié Garsault.

Mais ce n'est point au hasard des étalons que nous devons attribuer la tête busquée du xviii° siècle. Le profil arqué est une variété naturelle parmi les formes du chanfrein des chevaux. Les voyageurs l'ont signalé chez diverses hordes de chevaux sauvages; des auteurs se sont accordés à dire qu'elle se voyait au xvii⁰ siècle, parmi les chevaux barbes, espagnols, et surtout parmi les napolitains. Constatons qu'elle ne se trouve pas sur les bas-reliefs d'Assyrie, d'Égypte, de Grèce, ni sur les vases peints. Elle apparaît indécise chez quelques peintres du xvi⁰ siècle, s'accentue davantage chez ceux du siècle suivant, comme Wouvermans et surtout Van der Meulen, dont le pinceau a tant de fois illustré les scènes équestres du règne de Louis XIV ; mais, au xviii⁰ siècle, elle passe à l'état de système et de mode.

Son origine, comme usage recherché ou accueilli, semble coïncider avec le moment de transition où les chevaliers du moyen âge s'effacèrent devant les écuyers de la renaissance.

L'équitation académique du xvi⁰ siècle prit naissance en Italie, au milieu des chevaux à tête busquée du royaume de Naples. Au lieu de chercher dans les chevaux la vitesse, elle leur demanda surtout des allures de parade, relevées, raccourcies, tournant sur elles-mêmes. L'encolure dut être rouée et la tête posée au « ramener. » La tête busquée se prêtait particulièrement à l'obtention de ce tableau.

On raconte qu'un écuyer du grand-duc de Toscane, Cosme III de Médicis, qui régna à Florence de 1670 à 1730, voulant faire la cour à son maître, dont le profil était très arqué, s'appliqua à combiner des appareillements, dans le haras dont il avait l'administration, de manière à établir un parallélisme entre le chanfrein de ses poulains et le profil de Cosme III. Le succès de sa tentative perfectionna la tête busquée et détermina son triomphe dans le monde civilisé, au moment même où le haras du Pin s'établissait.

Nous voyons alors les peintres s'étudier à faire ressortir la tête busquée dans tout son lustre. Un portrait équestre de Louis XV, où la figure est de Vanloo et le cheval de Parrocel, nous représente le roi, âgé de dix-huit à vingt ans, sur un cheval qui paraîtrait fort grand, si les jambes du cavalier ne dépassaient de beaucoup la sangle. On croit voir un cheval croisé de danois avec l'espagnol ou le napolitain. L'encolure est élancée et arrondie ; le peintre a eu soin de coucher en arrière les oreilles du cheval, afin de les mieux aligner dans la courbure de la tête.

Vient ensuite le tableau de Delarue, représentant M. de Nestier, écuyer de la grande écurie. M. de Nestier, grand-oncle du comte d'Aure, notre écuyer moderne, a vécu au delà de cent ans, et semble, dans ce tableau, aborder résolument à cheval le complément de son siècle. Long et mince, il monte *Florido*, andalou ramingue, dont Louis XV lui a fait présent. Quelle belle pose académique, et quelle sécurité du vieil écuyer sur ce cheval retenu, goûtant le mors, portant l'oreille indécise, prêt à s'échapper si le cavalier se relâche, mais soumis à tout mouvement demandé avec attention ! Quelle harmonie entre cette encolure rouée et cette tête ramenée et arrondie elle-même, avec la main ferme et légère qui la dirige !

Trois tableaux de Parrocel, représentant des membres de la famille de Beauvilliers, se voyaient, il y a quelques années, au château de Chenonceau. Le peintre, pour mieux accuser la courbure de la tête, a effacé la ganache, si bien que la tête a pris la forme d'un arc. Ces portraits ont été reproduits par la gravure, dans l'édition in-folio de La Guérinière ; mais la gravure, sur la demande de La Guérinière, sans doute, a sensiblement redressé l'arc de la tête. Ces chevaux, dans les originaux, bien plus que dans la gravure, sont d'une finesse extrême et semblent appartenir à la race barbe ; ils paraissent avoir été de petite taille [1].

On a vu des tableaux et gravures représentant Louis XVI, Frédéric II et Washington sur des chevaux à têtes busquées.

Pendant que Parrocel et autres artistes illustraient la tête busquée en France, le célèbre peintre anglais Stubbs, qui a tracé les portaits des hé-

---

[1]. Ces tableaux appartiennent aujourd'hui à divers membres de la famille de la Roche-Aimon, héritière des ducs de Beauvilliers.

ros du turf de son temps, « *Membrino, Sweet-Brier, Sharke, Johnny,* » leur donna des têtes droites ou camuses. Il faut, cependant, excepter le plus illustre de tous, *Godolphin-Arabian*, qui, représenté dans une position peu naturelle, semble avoir une tête busquée assez disgracieuse[1].

Les chevaux du turf devaient un jour vaincre les chevaux de l'équitation, sous le rapport de la tête comme sous celui de la vitesse. La tête ramenée ne convenait plus dans la course, et les narines reportées en arrière n'aspiraient point l'air avec assez d'énergie. L'expérience a démontré que les naseaux ouverts en avant et les fronts larges avaient un avantage sur les formes contraires. La tête du cheval de course s'est retrouvée semblable à celle du cheval arabe : large front, yeux vifs et saillants, naseaux ouverts et dirigés en avant; une légère dépression au chanfrein semble favoriser leur action.

La tête busquée était nouvelle au moment de la fondation du haras du Pin, en 1714; elle était dans toute sa vogue lorsque l'organisation de cet établissement fut complétée, en 1736, sous la direction de Garsault. Il n'est donc pas étonnant qu'elle ait été adoptée et favorisée dans l'élevage du Pin. Mais il y a apparence qu'elle vint du Midi.

1. Voir la gravure donnée par M. de Montendre, au troisième volume des *Institutions hippiques*.

c'est-à-dire de l'Italie, de l'Espagne, de la Barbarie, plutôt que du Nord, où, d'ailleurs, les races avaient reçu des croisements espagnols et napolitains. Il est à remarquer que les étalons danois qui fonctionnèrent en Auvergne et en Bretagne, pendant les xvii$^e$ et xviii$^e$ siècles, n'y ont pas laissé de têtes busquées.

Les préférences exprimées par Garsault indiquent une provenance napolitaine de la tête busquée chez les carrossiers. « Quant aux chevaux de carrosse, dit-il, les plus beaux sont sans contredit ceux d'Italie (les napolitains étaient alors particulièrement signalés pour leur tête busquée), ensuite viennent les danois, les allemands, puis les chevaux de la Frise et du nord de la Hollande. Les chevaux de selle les plus beaux et les plus distingués, soit pour monter, soit pour tirer race, venaient de Barbarie, d'Espagne et d'Angleterre.

« Parmi les chevaux français, ajoute-t-il, ceux de selle les plus estimés viennent du Limousin et de la Normandie, quelques-uns du Poitou et de l'Auvergne; les chevaux de carrosse de la basse Normandie, du Cotentin et de Flandre; les chevaux de tirage, du Boulonnais et de la Franche-Comté. »

## XXXIX

### LE HARAS DE POMPADOUR

Le génie hippique du prince de Lambesc ne se borna pas à reconstituer le haras du Pin. Dès 1763, un an avant la mort de la marquise de Pompadour, Louis XV, en vue de favoriser la production limousine par un établissement analogue à celui qui relevait la production normande, avait créé le haras de Pompadour, et il en confia l'organisation au grand écuyer, auquel il conféra le titre de surintendant des haras de la généralité de Limoges, comprenant, outre le Limousin, l'Angoumois et une partie de la Marche.

Le prince profita résolument de l'omnipotence qui lui était attribuée ; il choisit, avec le plus grand soin, le personnel de l'administration, n'employa que des officiers habiles et consciencieux. M. du Quesnoy, piqueur des écuries du roi, fut établi comme inspecteur et eut une grande part dans le succès de la création de l'établissement. Le marquis de Tourdonnet, officier d'un grand mérite, fut nommé directeur, et, tant par son activité que par son urbanité, il remonta le zèle des éleveurs. A son arrivée, la production était dans une telle décadence, que l'élection de Limoges, comprenant le département actuel de la Haute-Vienne, ne comptait que six étalons approuvés, servant cent cinquante juments.

On commença par rassembler cinq étalons et vingt-quatre poulains, choisis dans les environs de Pierre-Buffières; on fit ensuite venir des étalons d'Espagne, d'Italie, de Barbarie, enfin d'Angleterre et d'Irlande. De ces croisements divers sortit une production que le sol et le climat se chargèrent d'assimiler en un type remarquable d'élégance légère, avec une solidité à toute épreuve. Les cinq ou six lustres qui s'écoulèrent sous l'administration du prince de Lambesc et de ses délégués furent, au dire de la Société hippique de Pompadour, le temps le plus brillant de la production en Limousin.

La race limousine avait eu jusque-là des intermittences de gloire et d'effacement. René de Menou la met en tête des chevaux français sous le règne de Henri IV. Texier-Olivier lui attribue un nouvel éclat sous l'impulsion de Colbert et sous celle du maréchal de Turenne, gouverneur du Limousin. Boulainvilliers rapporte que, après la victoire d'Almanza, en 1707, le maréchal de Berwick envoya en Limousin un certain nombre d'étalons qu'il avait achetés en Espagne. La Guérinière dit que, en 1760, les chevaux limousins, à travers la décadence générale des haras, étaient toujours les premiers chevaux de selle de la France. Les anciens officiers de cavalerie, selon Texier-Olivier, les préféraient à tous, pour la guerre, et les appelaient *mangeurs de baïonnettes*.

« Si l'on excepte le cheval arabe et le pur sang anglais, dit M. de Montendre, il n'est point de cheval qui ait plus de grâce, plus de légèreté, plus de vitesse, qui soit plus souple, qui ait plus de force et de santé et qui vive plus âgé que le cheval limousin. Ces qualités lui ont été données par l'influence du climat, plus que par l'hygiène anciennement adoptée, et dont on a reconnu les erreurs. »

« Des anciennes races de la France, dit M. Gayot, celle-ci a mérité le premier rang ; elle plane sur toutes et les domine ; de tout temps elle a été la plus accréditée. La race limousine n'a pas été seulement l'honneur du Limousin ; elle a été, et on en a fait une gloire nationale. Elle donnait le cheval élégant, svelte, souple, docile, adroit, le cheval, par excellence, des routes difficiles, accidentées et ravinées, des chemins creux, rocailleux, impossibles. On le voyait traverser avec hardiesse et franchise tous ces pays sauvages et perdus, se tirer à ravir de passages incroyables, ouverts par le temps au milieu des rochers. Il semblait fait pour eux, tant il était ardent, ferme et pourtant avisé et précautionneux. Il se trouvait là dans son élément. Avec lui, on chevauchait sans crainte ; cette destination, il la remplissait avec une rare perfection. Sa légèreté, sa finesse, sa petite taille, les proportions étroites et exiguës de toutes ses parties, son intelligence et jusqu'à ses défauts d'aplomb, telles étaient les qualités qui le mettaient si fort en relief. Par ailleurs, sa noblesse, sa distinction, son liant en faisaient le cheval de la cour et des grands seigneurs : il s'imposait comme un besoin et avait toutes les faveurs de la mode. Le goût du manège, l'habitude de la chasse, l'entretien forcé de nombreux équipages de chevaux de selle assuraient à sa production éclairée un débouché facile et profitable[1]. »

La Société de Pompadour a publié, à son Bulletin de 1847, un état des étalons faisant la monte en l'année 1787, dans l'arrondissement du bas Limousin, — département de la Corrèze, — dont le vicomte de Joussineau était inspecteur. Ces étalons, au nombre de 32, étaient d'origines variées : 11 limousins, 9 anglais, 7 arabes, 3 barbes, 1 espagnol, 1 irlandais. Des provenances si diverses nous indiquent combien est grande la puissance du sol et du climat limousins pour faire converger la production chevaline vers une race homogène ou d'apparence homogène.

Le sol et le climat du Limousin diffèrent gran-

---

1. *La France chevaline*, t. III, p. 325.

dement du sol et du climat de l'Arabie, puisque, d'un côté, il y a chaleur et sécheresse; de l'autre, froid et humidité. Aucun des deux pays ne peut faire prospérer la vigne à cause de ses défauts opposés : là, chaleur et sécheresse; ici, froid et humidité. Et pourtant tous deux ont une singulière analogie dans leur aptitude à donner au cheval une constitution raffinée, élégante, douée d'une énergique agilité, avec vigueur et longue haleine.

En Limousin, comme dans le Nedjed, un travail mystérieux de la nature exalte le système nerveux, absorbe la lymphe, épure le sang et les tissus, et dote l'espèce chevaline de l'ensemble des avantages que nous distinguons sous le nom de *sang*.

Si la race limousine avait été l'objet d'une sélection aussi étudiée et aussi sévère dans la génération, de soins aussi attentifs et aussi familiers dans l'élevage que la race arabe, rien ne nous dit qu'elle ne fût pas arrivée au même degré de perfection. Mais il y avait loin de cette éducation affectueuse et, pour ainsi dire, religieuse de l'Arabe envers son cheval, à l'abandon du poulain pendant sept ans sur les terres incultes. La nature a fait tout ce qu'elle pouvait faire en Limousin; mais l'homme a laissé une lacune qui a été le côté vulnérable devant la concurrence anglaise et les besoins nouveaux d'une société plus active et plus exigeante.

## XL

### SITUATION GÉNÉRALE AVANT 1789

Quelque imparfaites qu'aient été les institutions progressives des haras royaux, depuis l'édit de 1639, resté sans application, jusqu'à celui trop minutieux de 1717, une amélioration sensible s'était, cependant, fait sentir dans la production chevaline.

« L'administration des haras, dit M. Houël, placée sous la direction du grand écuyer, alors le prince de Lambesc, possédait par elle-même douze cents étalons, renfermés en des établissements spéciaux, ou confiés à des particuliers. Les haras du Gouvernement, appartenant au roi ou aux provinces, étaient situés au Pin et à Pompadour, pour la Normandie et le Limousin ; à Niort et à Fontenay, pour le Poitou; à Tarbes, à Pau, à Rodez, à la Camargue, à Perpignan, à Apath, à Rieufort, pour la Navarre et le Midi ; à Yében, pour le Dauphiné ; à Diénay, pour la Bourgogne ; à Rosières, à Annoncel, à Watrouville, pour la Lorraine. Un dépôt d'étalons existait à Tonnerre et un autre à Asnières, pour la généralité de Paris. La Bretagne, à elle seule, possédait cinq cents étalons, entretenus en divers établissements. D'un autre côté, les grands propriétaires du royaume se faisaient honneur d'entretenir de nombreux haras dans leurs domaines. Les principaux étaient, en Normandie, ceux du prince de Monaco, à Thorigny; du duc de Coigny, près de Carentan; en Limousin, ceux de MM. de Royères, de Bonneval, de Tourdonnet, de Nexon, de Jumilhac, de la Couture; en Poitou, de MM. d'Argenson, de la Gestière, des Cars. » Après lesquels il ne faut pas oublier le haras du prince d'Esterhazi, dans les Ardennes, et celui fondé à Chambord par le maréchal de Saxe, transmis, avec l'usufruit de ce beau domaine, à la famille de Polignac.

« Les étalons du roi, ceux qui appartenaient à l'État, et la plupart de ceux qui figuraient dans les haras provinciaux ou privés, étaient généralement des chevaux de selle et de fine race, comme on disait alors, et habituellement choisis selon le goût des écuyers. Ils venaient d'Espagne, d'Italie, de Barbarie ou de Turquie, c'est-à-dire de Constantinople ou des ports de l'Anatolie; le nom du cheval arabe était rarement prononcé. »

On appelait chevaux de tirage des chevaux plus forts qui venaient de la Hollande, des plaines marécageuses qui accompagnent les embouchures de l'Ems, du Weser et de l'Elbe; on les nommait chevaux de la Frise; enfin, les chevaux tirés du Holstein étaient qualifiés danois; il y avait parmi eux un certain nombre de chevaux fins, très élégants.

Mais tous les étalons n'étaient pas parfaits ; en descendant l'échelle, on arrivait à la médiocrité. Les éleveurs étaient d'autant moins difficiles qu'ils élevaient avec peu de soin et se bornaient aux chances du pâturage ; et, d'ailleurs, en dehors des étalons approuvés, il y a toujours eu un nombre de mâles sans mission, dont le service était à très bas prix, et souvent n'était pas rétribué du tout. C'est ce qui a toujours constitué la bohème chevaline.

## XLI

### ABOLITION DES HARAS

La Révolution vint ; elle vit, dans les haras et leurs auxiliaires, une institution aristocratique entachée de privilège ; elle crut, de plus, y voir une concurrence faite à l'industrie privée et une gêne occasionnée par les réglementations officielles, concernant les chevaux et les juments. Un premier décret, du 29 janvier 1790, supprima le caractère prohibitif et permit à chacun de faire fonctionner ses chevaux et juments comme il l'entendrait.

Puis, la loi du 19 novembre de la même année ordonna la vente des étalons appartenant à l'État, soit dans les dépôts publics, soit placés chez les particuliers. Cependant, comme la royauté existait encore, et que les haras du Pin et de Pompadour furent considérés comme propriétés spéciales de la couronne, ils furent exceptés de la mesure. Il est bien entendu qu'ils furent fort négligés au milieu des évènements qui se précipitaient, qu'ils finirent par ne recevoir aucun subside, et qu'ils ne se soutinrent que par la force de l'impulsion donnée. Les chevaux qui mouraient n'étaient pas remplacés; les survivants vécurent des produits du domaine et des minces bénéfices que pouvaient apporter les poulinières par leurs produits.

C'est ainsi que l'ombre du haras du Pin traversa la Révolution, sous la conduite de M. Wagner, qui remplaça le prince de Lambesc, de 1791 à 1797. M. de Grimoult, qui succéda à Wagner, reçut pour l'établissement quelques secours du Directoire et fut plus ouvertement soutenu par le Consulat et l'Empire. Le haras de Pompadour végéta de la même manière en attendant le jour de sa résurrection.

Les conséquences de l'abolition des haras furent désastreuses. La misère générale qui pesait sur la France, sur son agriculture et son industrie, le délire qui présida à la levée des armées républicaines, tout se réunit pour jeter au plus bas la production chevaline. Les réquisitions brutales des agents enlevèrent étalons, poulinières pleines ou non pleines, poulains non encore adultes.

« L'organisation de la cavalerie destinée à combattre contre la Vendée fut surtout funeste à la production limousine, nous dit Texier-Olivier. La réquisition s'étendit sur tous les chevaux, sans distinction d'âge ni de sexe; le poulain fut pris avec la mère, et toutes les juments pleines ou suitées furent dirigées sur les côtes de l'Océan. Celles qui revinrent, après cette funeste guerre, furent livrées au baudet ou à quelques étalons de la plus grande médiocrité, parce qu'on n'avait pas assez de haras pour les employer plus utilement. Une autre cause compléta la dégénération des chevaux : ce fut la crainte des réquisitions, qui dégoûta les propriétaires de tenir des juments et de faire des élèves. »

Tant d'évènements désastreux avaient presque entièrement détruit les chevaux de la race limousine.

Cependant, la Convention elle-même ne tarda pas à s'apercevoir du ravage causé, et projeta d'y remédier. Mais ce ne fut qu'après elle que là question fut élaborée dans le Conseil des Cinq-Cents. Eschassériaux jeune fut l'éloquent rapporteur de la Commission et conclut au rétablissement des haras. Mais les gouvernements de la Révolution, troublés et toujours pressés par l'urgence d'incidents nouveaux, ou débordés par l'emploi des finances, ne trouvèrent le temps ni les moyens d'exécuter leur projet ; il fallut attendre l'ère impériale pour le voir aboutir.

Cependant, sous le Consulat, les réquisitions violentes ayant été remplacées par un appel plus bienveillant et par des encouragements rémunérateurs, la production recommença sur les principaux foyers d'élevage, avec ce que l'on put trouver de mâles et de femelles échappés à la tourmente.

## XLII

### DÉCRET DE 1806

La grande consommation de chevaux occasionnée par les guerres de l'Empire, loin d'être nuisible à la production, lui fut, au contraire, favorable en Limousin, comme en Normandie, en Poitou et autres lieux élevant le cheval propre à la guerre.

La race limousine commença son réveil en 1801, à l'aide de quelques rejetons d'autant plus précieux qu'ils étaient devenus plus rares ; ils avaient été sauvés du malheur universel par quelques propriétaires soigneux, dont les efforts ont tendu le plus constamment à la conservation de cette belle race. La Normandie avait gardé quelques jalons parmi les débris du haras du Pin. En Saintonge, la race se reforma à l'aide d'un seul étalon appelé *le Masque*; il en fut ainsi dans la Vendée par l'étalon unique d'un propriétaire de Sallertaine. Ces deux chevaux étaient issus des anciens étalons royaux.

C'est au milieu de ce mouvement de renaissance que parut le décret du 4 juillet 1806, réorganisant les haras. Ce décret les rétablit sur une grande échelle. Il ordonnait la création de six haras, de trente dépôts d'étalons et de deux écoles d'expériences.

Comparé aux institutions précédentes, il marquait un grand progrès dans l'intervention de l'État. Sous le régime établi par Colbert, le roi donnait un certain nombre d'étalons et il invitait les pays d'États et les simples provinces à en fournir. On les plaçait chez de grands propriétaires que l'on engageait, en même temps, à se pourvoir de poulinières; on encourageait aussi la possession des poulinières chez des propriétaires moins importants et chez des fermiers aisés. Les intendants étaient chargés d'exciter le zèle des producteurs, de diriger et de surveiller leur action. Cette première tentative ne produisit qu'un médiocre effet, parce qu'elle se heurta contre la rivalité qui existait entre les intendants et la noblesse à laquelle on s'était surtout adressé pour faire fonctionner l'organisation. En 1717, on voulut rendre l'action plus directe, on fit des règlements plus serrés, et on ne réussit guère mieux parce que ces règlements paraissaient gênants. On établit successivement les haras du Pin, de Rosières et de Pompadour, qui présentaient une base fixe, mais de peu d'extension, leurs produits étant surtout destinés à la maison du roi.

Le décret de 1806 entra résolument dans la production. Les six haras durent produire par eux-mêmes et donner naissance surtout aux animaux des deux sexes, destinés à l'amélioration dans les haras, dans les dépôts d'étalons, enfin dans l'industrie privée.

Une intervention aussi énergique fut évidemment déterminée par l'état d'abandon et de pénurie où se trouvait la production. Cette faiblesse, du reste, n'était pas un fait nouveau, car elle s'était souvent montrée à travers tous les efforts des précédentes administrations.

Les haras, placés dans les attributions du ministre de l'intérieur, alors M. de Champagny, duc de Cadore, furent organisés avec l'intelligence qui distingua cet homme d'État. Il fut secondé par son parent, M. de Solanet, pour les détails. Les choix des principaux officiers furent faits avec un discernement et un tact qui appelèrent de toutes parts la considération et la confiance sur la nouvelle administration et en assurèrent le succès.

La tâche de rassembler les éléments reproducteurs n'était pas moins difficile que celle de choisir les hommes. A l'intérieur, ces éléments étaient épuisés, détériorés ; et, les frontières étant presque toutes fermées, on ne pouvait guère recevoir de secours de l'étranger.

Quelques chevaux ramenés de l'expédition d'Égypte furent utilisés dans les haras. Le général Belliard fonda lui-même dans son domaine patrimonial de Pahen, près de Fontenay, en Vendée, un petit haras avec les chevaux et juments qu'il avait ramenés des bords du Nil[1].

Pour tout le reste, il fallut chercher soigneusement, en Limousin, en Normandie, en Artois, en Picardie, ce que le pays avait pu sauver du naufrage.

Après la part faite à la production du cheval d'armes et du cheval de selle, si usité alors, on rechercha l'amélioration générale des races dans le sens de chacune d'elles. Il s'ensuivit que chaque dépôt d'étalons fut, autant que possible, composé dans le sens demandé par la localité. Au Limousin, au versant des Pyrénées, à la Normandie, on adressa des étalons élégants et légers ; puis on favorisa la production des grosses races, selon le désir des départements du nord de la France.

Les transports du roulage, qui prirent alors de

1. L'histoire de ce haras est racontée par le comte de Lastic-Saint-Jal, dans le *Journal des Haras*, mars 1873.

l'extension, exigèrent de forts chevaux dont les producteurs furent choisis dans l'Artois, la Picardie, la Flandre et la Belgique. La race percheronne, auparavant inconnue, commença sous l'impulsion du décret. Des étalons normands furent envoyés dans le Perche, où le mode d'élevage, plutôt artificiel que naturel, donna aux produits une force qui les rendit particulièrement aptes au service des diligences et des malles-postes. Il s'ensuivit que les relayeurs demandèrent à cette production des robes grises comme plus faciles à diriger pendant la nuit; ils les payèrent plus cher, et voilà comment les robes sombres, qui d'abord étaient offertes, se convertirent rapidement en robes claires.

Les grosses races furent favorisées partout où les éleveurs le demandèrent. Napoléon, sur un mémoire de M. Dupin, préfet des Deux-Sèvres, ordonna l'admission de trente étalons mulassiers au dépôt de Saint-Maixent, auquel on ajouta aussi quelques baudets modèles.

La Normandie présenta de puissants carrossiers dans le Cotentin et le Calvados. Le Merlerault produisit d'élégants et vigoureux chevaux d'armes et des carrossiers légers.

Le Limousin brilla d'un éclat nouveau par la consommation incessante de la guerre, par le besoin de renouveler les écuries impériales et celles de tout l'état-major de l'armée.

Les revers de 1812 et 1813 ramenèrent pour quelques mois les réquisitions ; mais elles ne furent pas désastreuses comme celles de la République. Les chevaux enlevés furent estimés d'office et payés à prix modestes ; les juments pleines furent respectées. Aussi des propriétaires firent-ils saillir leurs juments de service pour tâcher de les soustraire à la réquisition ; ceux dont les chevaux furent pris s'appliquèrent à ne se remonter qu'en chevaux incapables pour l'armée, conséquence défavorable à la reproduction.

Quand la France fut envahie en 1814 et 1815, les Prussiens et les Autrichiens trouvèrent apparemment nos haras dans un état prospère et dans une condition plus solide que ceux de leur territoire, puisqu'ils enlevèrent, dans les dépôts de l'État, ceux des étalons qu'on ne put leur soustraire, qu'ils les ont placés avec honneur dans leurs haras, et qu'ils se glorifient encore aujourd'hui de maintes familles équestres dont nos chevaux furent les auteurs.

## XLIII

### SOUS LA RESTAURATION

Le gouvernement de la Restauration, profitant de la paix générale, fit une généreuse tentative en envoyant en Orient une mission chargée d'y recueillir des reproducteurs d'un ordre élevé. M. de Portes, officier distingué des haras, auquel fut confiée cette mission, en 1818, se transporta en Syrie, et après de longues et pénibles recherches, ramena une colonie d'élite, dans laquelle on distingua *Haleby, Tadmor, Ourfaly*, et surtout *Massoud*. Lady Esther Stanhope, la célèbre ermite du Liban, compléta le précieux convoi, par le don qu'elle fit à M. de Portes de *Nichab*, jument de la plus pure race, sortie du haras de l'émir Beschir, alors puissant prince du Liban.

Ces chevaux produisirent un grand bien dans le Midi, et leurs suites brillèrent à l'école de cavalerie de Saumur. *Massoud*, confié aux soins du comte de Bonneval, directeur du Pin, fut, grâce aux soins de cet éminent homme de cheval, la souche d'une famille de chevaux anglo-arabes, particulièrement illustrée par *Eylau*, petit-fils de *Massoud*. *Eylau* fut un des chevaux les plus complets qu'ait possédés la France ; vigueur, vitesse, symétrie admirable des formes, douceur et intelligente souplesse, attestées par M. d'Aure, qui l'a monté plusieurs fois au Pin, il avait tout pour lui. Malheureusement l'inscription au Stud-book lui fut refusée, en dépit de sa noblesse incontestable et de toutes ses qualités. Il est résulté de ce refus regrettable que la race anglo-arabe, formée avec tant de soin par M. de Bonneval, a cessé de marquer sa trace, au bout de quelques générations, et s'est, pour ainsi dire, dissipée en fumée aussi bien que celle des autres arabes, déposés dans le Midi.

Dans le même temps s'évanouit aussi la famille anglo-arabe que le duc de Deux-Ponts, Christian II, avait créée vers le milieu du siècle dernier. Cette belle race, recueillie après la conquête du Palatinat, en 1792, et transportée au haras de Rosières, en 1814, a été condamnée à l'extinction par la protection exagérée accordée au cheval de pur sang anglais.

Cependant, nos frontières, ouvertes par la paix, devaient bientôt amener une réaction fâcheuse sur l'état relativement satisfaisant de notre production.

Les races de trait, fortement secondées par les haras, avaient prospéré entre les mains d'éleveurs charretiers qui savaient les dresser, qui conservaient les mâles entiers et les employaient utilement dès l'âge de deux ans. Il n'en était pas ainsi des races élégantes, élevées en Normandie, en Poitou, en Limousin. L'usage immémorial était que ces chevaux, généralement nés chez des bouviers, ne reçussent aucun dressage, aucune préparation pour le service. On les présentait à la consommation ou au commerce, à l'état indompté et sans castration. On se contentait de les préparer à la vente par un engraissement absurde, qui les mettait en pire état que la maigreur naturelle, pour l'entrée en service.

Ce système pouvait être acceptable dans l'isolement, et quand il y avait nécessité de subir la seule marchandise qui fût offerte; mais il devait promptement tomber devant la concurrence de produits mieux préparés. La première concurrence qui se présenta fut celle des chevaux anglais. Toutefois, comme ils coûtaient fort cher, relativement aux indigènes, ils ne furent recherchés que des hautes fortunes et ne passèrent pas d'abord dans le commerce général. Il y a eu exagération quand on a attribué à l'anglomanie la dépréciation du cheval français. L'anglomanie ne se fit sentir qu'à la surface et dans les grandes écuries de Paris. Elle ne pénétra pas d'abord dans les modestes fortunes, ni dans la province. Mais, dix ans plus tard, lorsque l'Allemagne se fut relevée de ses désastres, qu'elle fut rentrée dans sa production normale, on vit apparaître ses chevaux sur les marchés français. Ils étaient hongres, dressés, guéris de la gourme, en un mot prêts à entrer immédiatement en service et offrant toute sécurité aux consommateurs.

Il était évident que de pareils avantages repousseraient dans l'ombre les chevaux indomptés de la Normandie, et ceux mêmes du Limousin, si minces et si péniblement éclos par sept ans de pâturage.

Les marchands français, les marchands normands eux-mêmes, plutôt que de se faire entrepreneurs de dressage, allèrent en Hanovre, en Holstein, chercher des chevaux tout prêts qu'ils amenèrent sur les marchés de Paris, sur ceux mêmes de Caen et de Guibray et de toute la France.

La production française, confondue, maudit les chevaux étrangers, maudit le Gouvernement qui leur permettait de franchir la frontière, maudit les consommateurs qui préféraient le produit étranger, maudit enfin les haras qui ne faisaient pas naître les chevaux tout dressés, harnachés et bridés, tandis qu'elle aurait dû se maudire elle-même ou mieux préparer ses chevaux à soutenir la lutte.

Cette crise absurde ne pouvait manquer de se résoudre par une évolution nouvelle. Un système finissait ; un autre allait commencer.

## XLIV

### TRANSITION

Durant tout le moyen âge et jusqu'aux premières années du xix° siècle, l'élevage des chevaux s'était fait sur les pâturages, les terrains vagues et dans les bois. Les anciens coutumiers sont remplis de dispositions pour régler certains droits et devoirs à cet égard. Le cheval s'élevait sans soin, sans frais; aussi mettait-il beaucoup de temps à arriver à l'état utile. Nous avons vu qu'on demandait six ans pour les chevaux d'Auvergne et sept pour les limousins.

Une page, laissée par un agronome renommé, au commencement de ce siècle, semble indiquer qu'avant lui on ne comprenait l'élevage du cheval qu'à ciel ouvert et sur les terres incultes. Il croit que le progrès de l'agriculture apporte un préjudice à la production chevaline.

« Il est, dit Lullin de Châteauvieux, très utile, dans l'état de culture où la civilisation a mis le sol de l'Europe, qu'il y reste des terres inaccessibles au soc, dans lesquelles on puisse élever des animaux et surtout des chevaux; car leur élève est très onéreuse dans les pays fertiles, où l'on trouve à faire un emploi plus utile des fourrages. Aussi tous les cultivateurs y renoncent-ils, et toutes les primes et les inspections de haras n'empêchent pas la France de manquer de chevaux. Ce n'est plus la Normandie, c'est l'Allemagne qui les lui fournit; dans un siècle, ce ne sera plus l'Allemagne, ce sera la Pologne ou les steppes de la mer Noire qui devront produire les animaux que la culture et les défrichements bannissent de l'Europe à mesure que l'homme s'y multiplie. »

Ces singulières lignes, insérées dans un recueil sérieux, la *Bibliothèque universelle de Genève*[1], représentent la pratique du moyen âge, en fait d'élevage des chevaux et du bétail. L'agriculture n'y était pour rien. Aussi chaque sol, chaque climat imprimait-il un caractère très spécial aux chevaux de sa provenance. Les marais de la Hollande et de la Frise développaient de grands chevaux lymphatiques, tandis que les montagnes de l'Auvergne, les pentes des Pyrénées, les plateaux élevés du Limousin produisaient des chevaux secs et légers.

Le progrès de la culture réduit aujourd'hui le nombre des bidets autochtones des landes de la Bretagne et de la Gascogne. Le cheval de l'Auvergne et celui du Limousin, qui jadis demandaient six et sept ans d'herbage pour devenir adultes, ne peuvent plus s'élever en telle condition, et, si la nourriture produite par la charrue ne compense la réduction du pâturage et n'abrège leur longue enfance, ils disparaissent nécessairement.

Le plus grand préjudice causé par le progrès agricole à la production animale, c'est la division du sol, la dissolution des fermes et des métairies et la vente en détail de leurs champs et herbages.

---

[1]. Juillet 1818, tome VIII, page 180.

La petite culture ne peut produire ni chevaux, ni bétail, ni moutons ; elle se réduit à une vache et quelques chèvres et ne vise qu'aux végétaux destinés à la consommation directe de l'homme. Cet idéal est réalisé dans la culture tant vantée de la Chine, où la famine est plus fréquente et plus mortelle qu'en aucun pays.

La crise signalée par Lullin de Châteauvieux était compliquée par l'introduction du pur sang dans l'élevage. Le cheval amélioré par le sang ne pouvait se contenter de l'ancien système, où l'éducation était confiée au seul pâturage des terres incultes et des bois. Noblesse oblige... et les nouveaux devoirs ont été l'objet de difficultés à vaincre, et de longs débats sur lesquels nous reviendrons quand nous aurons exposé l'histoire du cheval de pur sang en Angleterre et raconté sa colonisation en France.

La réduction des terres incultes par le défrichement a coïncidé avec deux autres faits : — avec les besoins de l'agriculture qui, en raison de son progrès, a demandé pour son service une plus grande force motrice, un plus grand nombre de chevaux que par le passé; et avec la multiplication et le perfectionnement des routes, réclamant pour les transports des chevaux plus puissants et plus nombreux que ceux fournis par les terres incultes.

L'agriculture a entrepris de former elle-même

les chevaux dont elle avait besoin. Au cheval de selle, nourri par la nature, elle a substitué le cheval de trait, alimenté, en partie du moins, par son industrie. Elle a visé surtout à l'approprier à ses travaux par une conformation compacte et pesante, faite pour le collier.

Le Midi n'a pu suivre ce mouvement vers le « gros »; il a négligé ses races légères, qui ont diminué de nombre et de qualité et même ont disparu sur quelques points.

Voilà comment le cheval de trait s'est substitué au cheval de selle. Sa production a pris de l'élan dans les provinces du Nord et est devenue une branche importante de revenu, tandis que, vers le Centre, elle a souvent langui dans une triste routine, et s'est bornée à produire de pauvres chevaux de charrue, incapables de trotter sur une route.

Dans cette évolution, l'administration des haras, se conformant à l'esprit du décret de 1806, a aidé à la formation des grosses races, en s'appliquant à fournir des étalons spéciaux. Depuis, sur la réclamation de « l'industrie privée », c'est-à-dire de spéculateurs en étalons, soutenus par l'opposition politique, elle s'est retirée et a abandonné cette production à elle-même, pour concentrer ses efforts sur la production du cheval de selle et de cavalerie, qui était en souffrance.

En effet, depuis la disparition des terres incultes,

le cheval léger n'a pu trouver d'asile que dans les herbages exploités généralement par des bouviers, peu intéressés à sa production. Ce cheval n'est point à leur usage ; il faut le garder longtemps avant qu'il puisse être employé ; il offre un bénéfice moins certain et, pour eux, moins naturel que le bœuf. C'est donc à bien juste titre que les haras ont tourné vers lui leur attention. Ils l'ont fait avec plein succès dans les bons herbages, et ils soutiennent laborieusement sa production dans les pays plus secs. On peut établir ainsi la ligne de démarcation qui sépare le cheval de trait du cheval de selle :

Le cheval de trait a l'épaule droite et charnue, faite pour donner dans le collier, mais impropre au service de la selle et de la cavalerie. Il est le produit de l'agriculture *labourante*.

Le cheval de selle et de cavalerie a l'épaule inclinée, condition essentielle de la souplesse et de la vitesse. Il ne peut donner en plein dans le collier pour tirer des fardeaux, mais il excelle à tirer rapidement des voitures légères. Il est le produit de l'agriculture *herbagère*.

Il y a antagonisme entre ces deux sortes de production. L'agriculture *labourante* refuse de produire le cheval à épaule inclinée et repousse, à cet égard, les avances des haras. L'agriculture *herbagère*, dont l'industrie naturelle est la production bovine, ne trouve de profit à élever des chevaux qu'à la condition d'être soutenue par les haras qui lui offrent, à prix réduit, des étalons d'un mérite suffisant pour que les produits qui en proviendront atteignent une valeur capable de les indemniser du haut prix de la location de l'herbage. Le cheval qui, jadis, s'élevait sans frais sur les terres incultes, pouvait, sans grand inconvénient, présenter des non-valeurs; il n'en est pas ainsi du cheval élevé sur de riches prairies; il faut qu'il paye le loyer de la terre.

Une agriculture florissante, comme celle de l'Artois ou du Perche, élève avec profit le cheval de trait et peut le faire sans le secours des haras.

La pauvre agriculture ne peut produire qu'un cheval de misère. C'est en vain que les haras lui viendraient en aide. Sans le bon élevage on ne fait point de bons chevaux. Aujourd'hui, la production se partage en deux camps bien distincts : le camp de l'*épaule droite*, ou *charretière*, qui s'étend depuis l'excellent boulonnais, ardennais, ou percheron, jusqu'au crétin de maint département; — et le camp de l'*épaule inclinée* ou *cavalière*, qui commence au normand du Cotentin et du Merlerault, s'étend à la Vendée, à la Saintonge, composant ensemble les carrossiers grands et légers, les chevaux de la ligne et de la réserve, puis se termine à la production délicate du Midi, dont le seul débouché est la cavalerie légère et l'école de Saumur, destination d'intérêt comme d'honneur national.

Le premier camp dénie l'utilité des haras et en repousse l'intervention, comme dérangeant l'aptitude spéciale de l'épaule droite; le second invoque leur assistance comme nécessaire pour soutenir son action sur les riches, mais dispendieux herbages des rives océaniques, et aider sa faiblesse dans la production délicate du Limousin et du Midi. Cet antagonisme offre toutefois quelques exemples d'heureuses transactions. Ainsi, on a vu d'excellentes remontes de cavalerie provenant du dépôt de Hesdin, et produites par le croisement de l'étalon des haras avec la jument boulonnaise [1].

Si l'*épaule charretière* est désintéressée dans l'existence des haras, l'*épaule cavalière* y est, au contraire, fort intéressée; et tout le sort de la cavalerie l'est avec elle.

## XLV

### L'ANGLETERRE

Les Iles britanniques ont la chance de recevoir sur leurs côtes une des principales branches du

---

[1]. Voir au *Journal des Haras*, mai 1849, page 322, l'article intitulé : *Chevaux de cavalerie*.

« Gulf-stream », ce grand courant atlantique, dont les eaux, réchauffées sous la zone torride et poussées, par les vents alizés, dans le golfe du Mexique, s'entassent contre un littoral semi-circulaire, y tournoient, puis déversent leur cours vers le nord-est. Elles apportent leur tiède haleine sur les rivages de l'Europe septentrionale, depuis le Finistère jusqu'en Norvège. Ce courant se fait même sentir jusqu'en Islande, où il amène les bois qui, jetés par la nature dans les eaux immenses du Mississipi, de l'Orénoque et peut-être de l'Amazone, viennent échouer sur cette terre polaire, et lui donner le moyen de combattre ses glaces, de concert avec les Geisers et l'Hécla.

Au point de vue de la question chevaline, le « Gulf-stream » a particulièrement trouvé sympathique à ses effluves bienfaisantes le terrain de la « Verte Erin » et du comté d'York, puis le reste de l'Angleterre, le Hanovre, le Danemark, le Mecklembourg, et nous pouvons dire aussi nos côtes de la Manche depuis le Finistère jusqu'au Pas-de-Calais.

Le comté d'York est reconnu comme supérieur aux autres provinces d'Angleterre, et, dans ce comté, la vallée de Pickering, avec ses deux versants boisés (woods), et la plaine du Cleveland, sont particulièrement renommées pour développer le cheval en des proportions à la fois puissantes et élégantes. Le Cleveland n'est pas habituellement marqué sur les cartes. Il est au bord de la mer, autour de la petite ville de Gisboroug, sur la route de Whitby à Newport. C'est sur cette plaine d'alluvion et de « tangue », longue de cinq lieues et large de trois, que se forment les plus puissants carrossiers.

La province d'York a toujours été célèbre pour ses chevaux; Fitz-Herbert, qui écrivait sous le règne de Henri VIII, parle des foires de Ripport où l'on venait acheter des poulains. L'influence du climat d'York pour la supériorité des chevaux est depuis longtemps reconnue, et, au siècle dernier, on pensait que le cheval d'York ne pouvait aussi bien réussir en aucune autre contrée d'Angleterre ou d'Europe. On avait vainement transporté des étalons d'York dans le Norfolk; on n'y pouvait faire réussir le cheval de selle.

La race des grands chevaux noirs doit son origine, selon Marshall, à six juments zélandaises que lord Chesterfield envoya de La Haye, pendant son ambassade en Hollande (1730). Ces juments furent mises à Bretby, dans le Derbyshire. Les chevaux de ce comté ne tardèrent pas à s'améliorer, et le Derby fut d'abord cité comme possédant les meilleurs chevaux de ce genre. Mais, avec le temps, la race, ayant pénétré dans le comté de Leicester, y prospéra encore plus qu'en Derby.

Ce fut de Leicester que l'on tira les meilleurs étalons, même pour Derby. Cette race a beaucoup changé depuis son origine ; son dos allongé, ses jambes charnues et garnies de crins, se sont convertis en un dos court et épais, une avant-main relevée, des jambes courtes et sèches.

Le plus bel animal de cette race que Marshall ait vu était un étalon du célèbre Bakewell, appelé K, car c'était l'usage de cet éminent producteur de désigner ses animaux par les lettres de l'alphabet. Un homme de taille ordinaire, assis sur ce cheval, était presque entièrement couvert par l'encolure, qui s'élevait si parfaitement droite que les oreilles étaient placées précisément dans la ligne verticale des pieds de devant; condition que Bakewell tenait pour la plus parfaite, mais qui ne peut convenir ni à l'équitation dont elle gêne les aides, ni à la vitesse qu'elle ralentit, ni au collier dans lequel elle ne permet pas de se jeter franchement.

## XLVI

### LE CHEVAL DE COURSE ET LE PUR SANG

Le culte du cheval est fort ancien en Angleterre. La propension vers les « sports » de tout genre et vers les luttes publiques est immémoriale chez les Anglais. Elle était développée dès le temps des Anglo-Saxons, où l'on trouve les tournois à cheval sous le nom d'*œsc-plega* (*le jeu du frêne*, parce que la lance était formée de ce bois, à la fois rigide et flexible comme l'acier, — correspondant au *djérid* des Turcs). Les courses de chevaux firent aussi partie de ces sports, mais elles ne furent, dans l'origine, que des exercices rustiques, des lices ouvertes à une émulation sans but d'amélioration. Le résultat le plus ordinaire était de mettre hors de service les chevaux qui y avaient figuré. Les rois s'associèrent à cet entrain de la nation. Jacques Ier, qui aimait les exercices équestres, choisit Newmarket pour principal lieu des courses et donna un premier règlement. Les courses, à cette époque, étaient exécutées par des chevaux indigènes et particulièrement, dit-on, par des poneys, appelés galloways. Comment le pressentiment de la supériorité des chevaux d'Orient a-t-il été inculqué à l'Angleterre? C'est ce que personne n'a expliqué. Jacques Ier acheta de Markham un cheval arabe, qu'il paya fort cher, mais qui fut battu sur tous les hippodromes et dont la postérité n'a laissé aucune trace.

Sous le règne de Charles Ier, quelques chevaux d'Orient arrivèrent encore. Ce prince chargea, dit-on, un certain M. Place d'aller acheter des chevaux en Arabie. Quand Place revint avec son convoi, Charles I$^{er}$ était détrôné, et Cromwell tout-puissant. Place remit les chevaux au « Protecteur », qui établit un haras et favorisa l'institution des courses.

Après la Restauration, Charles II, qui aimait la magnificence et qui, sans doute, voulait, par là, distraire les esprits du souvenir de la guerre civile, donna une vive impulsion au sport, en dépit des répugnances de son ancien gouverneur, le duc de Newcastle. Il multiplia les hippodromes et établit des prix royaux, nommés « plates, » parce qu'ils consistaient surtout en pièces de vaisselle d'argent. Il envoya en Orient le chef de ses écuries, Christophe Wiwill, avec la mission d'acheter les meilleurs chevaux et les meilleures juments qu'il y pourrait trouver. Wiwill avait avec lui Georges Fenwick, et tous deux s'acquittèrent de leur mission avec succès. Ils ramenèrent notamment quatre poulinières qui furent le point de départ de la colonisation du pur sang.

Nombre de seigneurs imitèrent l'exemple du roi et firent venir d'Orient des étalons et des poulinières. L'élève du cheval de course se fit surtout avec le sang étranger. On appela *Royales-mares* les poulinières d'Orient appartenant au roi ; celles des particuliers reçurent le nom de *Barbary-mares;* ce qui donne à penser que la plupart furent tirées du littoral africain.

Les historiographes du turf rejettent, en général, le témoignage de Newcastle qui, ayant ses idées tournées vers le manège, regardait le jeu des courses comme une déviation dans la destinée du cheval. Il fut le contemporain de la régénération du cheval anglais ; il en vit le commencement, mais n'en connut pas les résultats.

« Pour les cavales anglaises, dit-il, il n'y en a point au monde de meilleures pour tirer race ; mais il faut les choisir propres à produire les chevaux que vous désirez élever. Pour le manège, les cavales doivent être belles de la main en avant, et que la tête soit bien placée ; mais, si vous voulez des chevaux de course, que les cavales aient toute la légèreté possible, qu'elles soient élevées et longues de corps, avec les flancs amples et la poitrine étroite, parce que cela les rend plus légères, plus agiles, plus souples et plus vites pour les courses, tant de carrière que de gageure ; que votre étalon soit barbe, car un misérable barbe, quand même il n'est qu'une rosse, produira un meilleur cheval de course et de vitesse qu'aucun cheval du royaume d'Angleterre. Je l'ai ouï dire au chevalier Jean Fenwik, qui avait plus d'expérience des chevaux de course que tout autre en Angleterre. Car lui seul avait plus de ces sortes de chevaux que tout le reste du royaume ensemble, et la plupart des chevaux qui ont couru en

Angleterre les uns contre les autres, étaient de son haras et de ceux qu'il avait nourris. Il y en a qui font grand cas de l'étalon turc pour avoir des chevaux de vitesse, mais ils sont si rares et si clair semés que je n'en puis juger. Ainsi, je vous conseille le barbe qui, à mon avis, est le meilleur pour faire des chevaux de course et de vitesse. »

L'obscurité est fort grande dans la genèse du cheval de pur sang, en Angleterre. Ces lignes, écrites par un témoin digne de foi, ne doivent pas être rejetées. Mais, comment s'accordent-elles avec le convoi de chevaux et de juments achetés par Charles II? Ont-elles précédé l'arrivée de ce convoi? Ont-elles été écrites avant que l'essai eût produit son effet? Il suit de là que les chevaux d'Orient étaient moins recherchés pour leur vitesse individuelle que pour la faculté de vitesse qu'ils transmettaient à leurs descendants, élevés dans un régime plus fortifiant que celui de leur patrie. Ils apportaient le sang, et la nourriture anglaise en développait les facultés. Les chevaux barbes dominèrent dans les importations d'Orient, parce que le commerce des Juifs les amenait en France, d'où ils passaient en Angleterre; peut-être même en arrivait-il directement par l'intermédiaire des Juifs ou par le commerce anglais.

En ces temps primitifs du sport, la majorité des chevaux sur l'hippodrome dut se composer d'anglais indigènes; puis vinrent les métis. Les produits du pur sang (*thoroug breed*) ne durent apparaître, avec un certain ensemble, qu'après les convois venus d'Asie et d'Afrique. Les poulinières importées n'étaient sans doute pas assez nombreuses pour fournir au turf toute la production demandée, et leur suite n'ayant pas acquis tout d'abord la rapidité qui s'est développée plus tard, la poulinière anglaise pouvait réussir encore en concurrence de la jument étrangère. Ses produits, croisés par deux ou trois générations d'Orient, durent le faire à plus forte raison. Aussi est-ce un point très obscur que de savoir si la race de pur-sang s'est formée exclusivement par le sang oriental de père et de mère, ou si elle a conservé quelque élément indigène par les mères. La question est matériellement impossible à résoudre par les documents.

## XLVII

### SANG ORIENTAL

L'opinion la plus générale est pour le sang oriental sans mélange; mais, s'il est resté quelques gouttes de sang local, elles sortaient de juments tellement choisies, et dont la postérité, éprouvée par l'hippodrome, a été l'objet de tant de soins qu'il s'est fondu et assimilé dans le sang le plus pur, au point de ne laisser aucune tache. La recherche de l'origine absolue à l'égard des mères est d'autant plus difficile que la race des chevaux de course a commencé à se former sous les Stuarts, et que le « Stud-book », constatant les origines, n'est apparu qu'en 1750, à l'état d'essai, et qu'en 1791 à l'état régulier qu'il a conservé depuis. Antérieurement à 1750, et durant un siècle entier, il n'y eut que les traditions du turf et des documents épars.

Mais, s'il reste quelques doutes à l'égard des mères, il n'y en a aucun pour les pères. Ceux-ci vinrent en nombre depuis le cheval équivoque de Jacques I<sup>er</sup>. On vit ensuite *White-Turk*, que l'on prétendait venu de l'Inde, *Helmsley-Turk*, *Holdeness-Turk*, *Bay-Oglethorp*, *Chillaby-Barb*, *Darcy-White-Turk*, *Yellow-Turk*, et beaucoup d'autres, dont la postérité a pu se maintenir dans les poulinières ; mais il y a lieu de croire qu'elle ne s'est pas transmise de mâle en mâle, parce qu'elle semble s'être effacée sous le prestige de trois ou quatre animaux supérieurs, dont les fils remportèrent tous les lauriers du turf.

C'est ainsi que *Lister-Turk*, ramené du siège de Bude, en 1686, par le duc de Berwick, depuis maréchal de France, a laissé une postérité immortelle par *Éclipse*, dont il fut le trisaïeul par trois côtés et le bisaïeul par un quatrième. *Darcy-White-Turk* figure aussi parmi les ascendants d'*Éclipse*. Les fils d'*Éclipse* ont remporté huit cent cinquante-deux prix et fourni plus de deux cents étalons.

*Byerley-Turk* était le cheval de guerre du capitaine Byerley, en 1688. Il fut père de *King-Herod*, roi du turf et père, lui-même, de nombreux étalons.

Après eux, *Darley-Arabian* fut acheté à Alep, en 1712, pour M. Darley, par son frère. *Darley-Arabian* fut le père de *Flying-Childers*, dont la vitesse fut réputée n'avoir jamais été surpassée. *Darley* fut, en outre, le bisaïeul d'*Éclipse*. Il est indiqué comme provenant des environs de Palmyre. A ce titre, il est le seul des quatre grands ancêtres du turf qui soit clairement désigné comme arabe. Quant à la qualification de *Turk*, donnée à la plupart des autres, elle nous paraît vague. Les chevaux achetés à Constantinople, à Smyrne, ou en Syrie, ou même ramenés du siège de Bude, pouvaient être de provenance arabe, ou venir de la Caramanie, c'est-à-dire de l'ancienne Cappadoce, le seul point de la Turquie où s'élèvent des chevaux d'une vraie valeur.

On a pu appeler *Turks* même des étalons venus de Tripoli, de Tunis, d'Alger, parce qu'ils sortaient des possessions du Grand Seigneur.

Nous avons vu, en effet, par Newcastle, que les étalons barbes jouèrent un grand rôle dans la création des chevaux de course et qu'ils avaient un don particulier pour transmettre la vitesse et l'haleine. Aussi le dernier inscrit des ancêtres orientaux, et celui de tous qui a laissé le plus de renommée, est-il un barbe, ou du moins a-t-il été réputé tel, car nul n'a connu sa migration.

Le fameux *Godolphin-Arabian* traînait la charrette d'un porteur d'eau, dans les rues de Paris, lorsque la distinction de ses formes et l'expression de son énergie frappèrent un certain M. Coke qui le rencontra. Entrer en pourparler avec le propriétaire et acheter le cheval ne fut pas, sans doute, l'objet d'une longue diplomatie. L'acquéreur, cependant, ne songeait nullement à en faire un reproducteur; il l'emmena à Londres, le monta quelque temps, et le laissa en payement au maître d'un café. Celui-ci, embarrassé d'une acquisition qu'il n'avait pas recherchée, la céda à bon compte au chef du haras de Gog-Magog, appartenant à lord Godolphin; et le nouveau venu fut employé, non pas comme étalon, mais comme « précurseur. » Il végétait depuis une année dans ce rôle ingrat, lorsque, en 1731, l'un des étalons du haras, *Hob-Goblin*, ayant refusé d'accueillir *Roxana*, on confia cette jument à l'humble suppléant. Il résulta de cet incident un produit, nommé *Lath*, qui fut un des « racers » les plus brillants de son temps, mais, cependant, un étalon médiocre, tandis que son frère puîné, *Cade*, moins remarqué sur l'hippodrome, fut un reproducteur du plus grand mérite. Dès lors, la réputation du père fut faite ; elle effaça celle des titulaires les plus en vogue, et le boxe de *Godolphin-Arabian* fut assiégé par toutes les célébrités.

Ce cheval mourut en 1753, âgé d'environ trente ans, après avoir, pendant vingt ans, fait briller ses produits sur tous les hippodromes, et emportant comme étalon, dit M. de Montendre, une gloire impérissable et telle que nul autre cheval étranger, ni avant ni après, ne put acquérir.

L'origine de ce cheval célèbre est toujours restée un mystère. Les uns ont dit qu'il avait été envoyé à Louis XV par quelque puissance barbaresque, d'autres qu'il avait été volé. Mais nous avons vu que les chevaux barbes arrivaient si facilement en France, par l'entremise des Juifs, qu'il n'y a pas lieu de s'étonner de sa présence à Paris. On se demande plutôt comment il a été si profondément méconnu deux fois : par celui qui le vendit, en Afrique, pour la simple consommation, et par celui qui le céda au porteur d'eau. Il ne fut, du reste, pas considéré comme un beau cheval. Son portrait, peint par Stubbs, n'en donne pas une idée avantageuse. Ses formes ont fait juger qu'il était barbe et non arabe. *Godolphin* est le grand-père d'*Éclipse* par le côté maternel; *Spiletta*, mère de ce dernier, était fille de *Régulus,* propre fils de *Godolphin.*

*Éclipse* a été le cheval le plus renommé de l'Angleterre; il ne fut jamais vaincu, et pourtant les jockeys qui le montèrent ne furent pas, dirent-ils, obligés de réclamer ses plus grands efforts. *Éclipse*, né chez le duc de Cumberland, devint, jeune, la propriété du capitaine O'Kelly, auquel il a rapporté des sommes considérables comme coureur d'abord, puis comme étalon.

Ce héros de tant de succès a donné lieu, comme on devait s'y attendre, à bien des légendes. On a dit qu'il avait le corps trop long et le devant bas. Stonhenge même lui attribue ces deux défauts, qui ne paraissent pas dans le portrait que Stubbs en a laissé ; on a ajouté qu'il avait le caractère si farouche que nul ne pouvait l'approcher et le monter, si ce n'est un braconnier, devenu jockey pour la circonstance. Il est fort difficile d'improviser un jockey avec un sujet aussi mal discipliné qu'un braconnier.

*Éclipse* ayant été le plus illustre héros du turf, nous pouvons, à son occasion, faire remarquer le contraste qui s'établit entre le « racer, » cheval du sportsman, et l'andalou ou le barbe, chevaux de l'écuyer. En première ligne, l'écuyer demande, pour son cheval, la docilité et la souplesse, tandis que le sportsman ne fait cas que de la vitesse, fût-elle accompagnée du caractère le plus ramingue et le plus difficile. Il y a loin du caractère d'*Éclipse* à celui du cheval espagnol, tant admiré par Newcastle.

Les voyageurs qui ont parcouru l'Orient, et notamment Burckhardt, qui a connu à fond l'Arabie où il a passé nombre d'années, assimilé aux indigènes, ont émis le doute que jamais aucun cheval de la plus pure race arabe ait été transporté en Europe. Je ne sais sur quoi se fonde un tel pressentiment, car Burckhardt lui-même convient que toutes les généalogies présentées aux Européens sont des fictions, et que les Arabes entre eux n'ont rien d'écrit, mais seulement des témoignages difficiles à rassembler au delà de deux ou trois générations. Il est possible que les Arabes se vantent entre eux de n'avoir jamais vendu de chevaux de premier sang aux infidèles ; mais assurément aucun d'eux n'a qualité pour répondre de ce qu'ont fait ses compatriotes depuis deux siècles. Quels que soient, à cet égard, leur doute ironique ou leur incrédulité, il nous sera permis d'affirmer que *Lister-Turk, Byerley-Turk, Darley-Arabian*, et l'enfant trouvé *Godolphin-Arabian* appartiennent à la souche la plus pure. Si le fait ne peut se prouver par leur généalogie ascendante, il est mis hors de doute par l'éclat et la persévérance de leur lignée, non démentis jusqu'à ce jour. Ces quartiers posthumes dispensent de tous les parchemins antérieurs.

Nous avons cité parmi leurs premiers descendants, *King-Herod*, *Flying-Childers*, *Éclipse*, *Lath*, *Cade*, auxquels il convient d'ajouter *Matchem*, célèbre par sa postérité encore plus que par ses victoires.

## XLVIII

### ANCIENNES ÉPREUVES

Ces premiers chevaux, à formes plus compactes que ceux d'aujourd'hui, furent soumis à des épreuves très graves, et pour les distances à parcourir et pour les poids à porter. Voici quelques documents extraits des récits publiés de Newmarket.

En 1718, vingt-trois épreuves furent courues sur une distance de 6,126 mètres.

En avril 1719, *Chanter*, au duc de Wharton, courut 9,654 mètres portant 50 kilos.

Le 30 avril, *Galloway*, au duc de Wharton, fut engagé, portant 54 kil. 78, contre *Fiddler*, à lord Hillsborough, portant 76 kil. 174. Le duc paya 400 guinées pour se dégager de l'épreuve.

En octobre 1720, *Coney's skin* (peau de lapin), au duc de Wharton, courut, portant 70 kilos, contre *Speedwell*, à lord Hillsborough, portant 76 kilos.

Ils ont subi trois épreuves, formant un total de 19,300 mètres.

*Exotic,* pendant les deux années 1760, 1761, a gagné dix-huit prix. Le même cheval, dans sa deuxième année du turf, a gagné, à Peterborough, une course en quatre épreuves.

*Cartouche* n'était haut que de 1$^m$,43, mais il fut reconnu qu'aucun cheval ne pouvait lutter contre lui, portant 76 kilos.

Les portraits des anciens chevaux, peints successivement par Seymour et par Stubbs, font voir que, quand ces « racers » parcouraient de si longues distances et portaient de grands poids, ils avaient, dans leur petite taille, une forme condensée et musculeuse. Marshall, au commencement de ce siècle, présente des chevaux plus légers.

A la fin du dernier siècle, on avait cessé de faire courir 9 ou 10,000 mètres, excepté pour les « plates. »

En 1809, le Jockey-Club diminua encore l'épreuve par laquelle la puissance des races anglaises devait être constatée. On réduisit la distance et le poids. Ce n'est pas que la force des chevaux fût devenue moindre ; mais ce que, à juste titre, on voulut prendre en considération, c'est la mesure de l'espace et du poids, avec lesquels le cheval peut être poussé, sans qu'il doive ralentir sa plus grande vitesse.

Quelques esprits prévenus, notamment l'auteur anonyme du livre intitulé : *A comparative view of the English races during the last and present century* [1], donnent la préférence aux petits chevaux compacts des premières générations, qui furent soumis aux épreuves de longue haleine et de forts poids. L'auteur critique l'allongement du squelette, l'aplatissement vrai ou prétendu des côtes et de l'épaule, et il attribue la diminution des distances et du poids à l'impossibilité des chevaux actuels de supporter les anciennes épreuves. Il formule, du reste, une excellente proposition, quand il dit que le mérite d'un cheval doit s'équilibrer entre trois principales qualités : — la puissance structurale, — la vitesse — et la longue haleine. « On ne doit, dit-il, sacrifier aucune des trois à l'une d'elles. » Il ne veut pas, notamment, qu'on néglige la structure ou le fond en vue d'obtenir un effet extraordinaire de vitesse dans une course de quelques mètres. Cet axiome est juste, mais on doit reconnaître que la majorité a conservé l'équilibre des trois qualités. La diminution des distances et du poids a eu pour objectif,

---

[1]. Nous avons donné la traduction de cet anonyme, imprimé avec luxe, et mis en vente à Londres, chez Thomas Hookham, en 1836. Nous avons converti ce long titre en celui de *Nature et Industrie*. Notre traduction se trouve dans le *Moniteur de l'Élevage*, années 1873 et 1874.

comme nous l'avons dit, d'éprouver le cheval dans le plus grand effort qu'il puisse faire sans être obligé de ralentir.

## XLIX

### ACCROISSEMENT DE LA TAILLE

C'est un fait constant que le cheval noble, dans sa pureté native, est de petite taille, et cela doit être, puisque le pays qui l'a formé, le Nedjed, est sous un climat brûlant, avec une terre aride qui, loin de développer la lymphe et ses conséquences volumineuses, met en relief le système nerveux et réduit les proportions du corps. Les chevaux importés de l'Arabie ou du Sahara furent donc d'autant plus petits qu'ils étaient plus purs de race. *Curven's-bay-Barb*, un des meilleurs étalons, n'était haut que de 1$^m$,32. La plupart des autres ne dépassaient guère 40 à 45 centimètres. Il suit de là que les premiers chevaux de pur sang, nés en Angleterre, durent être de petite taille.

« La taille et la forme actuelles des chevaux anglais de pur sang, dit Stonehenge, sont supérieures à celles des chevaux des anciens temps, si nous en pouvons juger par les portraits que nous a laissés Stubbs, qui était de beaucoup le plus fidèle des peintres d'animaux dans le xviiie siècle.

En élégance de formes, nous dépassons considérablement les chevaux de cette époque, surtout par la beauté de la tête et la forme de l'épaule, dont les éleveurs se sont occupés. Pour la taille aussi, l'on a fait un pas immense. La taille moyenne du cheval de course a été augmentée d'au moins 10 centimètres, dans le siècle qui vient de s'écouler. Cet accroissement est, je crois, beaucoup dû à l'arabe *Godolphin*, qui fut le père de *Babraham*, le seul cheval de son temps qui atteignit 16 mains ($1^m622$), père et grand-père de plusieurs qui dépassèrent 15 mains, ce qui est bien au-dessus de la moyenne des chevaux de l'époque. Parmi les vainqueurs, dans le siècle dernier, il y en eut seulement dix-huit de 15 mains et au delà, parmi lesquels onze étaient par *Godolphin* et ses fils, trois par *Darley*, deux par *Byerley;* l'on peut donc affirmer que l'accroissement en taille est dû en grande partie à *Godolphin*. »

Nous ne voulons pas nier l'influence qu'a pu avoir *Godolphin* sur la taille des chevaux de pur sang, mais il nous est impossible de lui faire une si large part. Pourquoi le cheval arabe de premier sang, celui originaire du Nedjed, est-il de petite taille? C'est que, par l'effet du climat et du sol, il a été condensé en un tissu nerveux, où la lymphe a été fort réduite. Ce même cheval, amené en Angleterre, et abondamment nourri, sous un climat favorable, a dû prendre du corps, se développer en taille et en ampleur. Cette évolution n'a pu se faire sans les plus grandes précautions de nourriture et d'hygiène; il a fallu des aliments toniques, une diète réglée, des soins de propreté et des aménagements de température qui ne fissent point souffrir les organes d'un animal né, pour ainsi dire, dans un autre monde. C'est l'honneur des Anglais d'avoir su vaincre ces difficultés, et d'avoir conduit le petit cheval d'Arabie à une autre taille, à une autre destinée, sans perdre ces qualités qui forment, en quelque sorte, le ressort magique du pur sang.

Suivant l'amiral Rouss, qui fut un sportsman distingué, le cheval de pur sang n'a cessé de croître, jusqu'à présent, en Angleterre et en Europe; et la taille des chevaux de demi-sang s'élèvent facilement au-dessus de celle du pur sang.

## L

#### DESCRIPTION DU RACER, PAR STONEHENGE

Cependant, Stonehenge n'admet pas ces hautes tailles dans le cheval de course d'un vrai mérite. Voici la description très étudiée qu'il donne de cet animal, et que nous reproduisons à cause de ses traits originaux :

« La hauteur, dit-il, varie de 1$^m$,54 à 1$^m$,60 ; on en a vu de 1$^m$,67. La tête et le cou doivent être caractérisés par la légèreté qui est essentielle en ces parties. Tout ce qui est inutile de ce côté est un poids mort. La tête doit être mince vers la mâchoire, cependant avec un développement complet du front qui doit être convexe et large, de manière à contenir dans le crâne un bon volume de cervelle. Dès que vous avez obtenu la plénitude de cette partie, le reste de la tête doit être aussi fin que possible ; les mâchoires se réduisant à un museau avec un léger creux en dehors, en face, mais avec un espace entre les deux côtés de la mâchoire inférieure, à la jonction du cou, de manière à donner une large place pour la partie supérieure du tuyau respiratoire quand l'encolure est pliée. Les oreilles doivent être droites et fixes, pas trop courtes ; les yeux animés ; les narines larges et capables de se bien dilater à l'allure extrême, ce qui se vérifie facilement avec une poussée de galop. Elles doivent saillir avec fermeté, de manière à montrer en plein la membrane intérieure. Le cou doit être musculeux, et cependant léger ; le conduit respiratoire libre et séparé du cou.

« Le corps, ou la région du milieu, devrait être modérément long dans l'ensemble, et pas trop court entre l'os de la hanche et la dernière côte. Tant que les dernières côtes ont de la profondeur, il y a peu d'importance à ce qu'elles soient très rapprochées de la hanche.

« Le dos, lui-même, doit être musculeux, et les hanches assez larges pour permettre un bon développement du système musculaire. Le garrot doit avoir une légère saillie, sans cette élévation en rasoir que plusieurs qualifient de belle épaule, mais qui, dans le fait, est sans rapport avec cette partie et n'est qu'un embarras pour le sellier, parce qu'il empêche l'épaule d'être pincée par la selle. La poitrine, elle-même, devrait être bien développée, et profonde, mais pas trop large. Aucun cheval ne peut bien parcourir une distance s'il n'a une bonne place pour les soufflets ; mais si, le cœur est sain et de bonne qualité, il y aura assez de poumon dans une poitrine de dimension moyenne. Tout ce qui est au-dessus est superflu, c'est du poids additionnel. Plusieurs de nos chevaux à longue haleine ont eu des poitrines moyennes, et quelques-uns des plus mauvais avaient de l'espace pour des soufflets de forge. Si le cœur fait bien son devoir, les poumons peuvent toujours fournir assez d'air.

« Si le poitrail est trop large, cela affecte matériellement l'action des jambes de devant. Par conséquent, à tout point de vue théorique et pratique, il y a un heureux milieu entre la trop grande contraction dans cette région, et la poitrine lourde, large, encombrante, que l'on trouve quelquefois, même dans le cheval de pur sang, surtout quand il est élevé dans des pâturages trop riches, trop succulents, plus propres à l'élevage du bœuf que du cheval oriental. Dans la forme de la hanche, le point essentiel est la longueur et la largeur de l'os pour l'attache musculaire, et il importe peu si la croupe est avalée, ou si elle est élégamment droite et horizontale, pourvu qu'il y ait de l'espace entre la hanche et la pointe de l'ilion. La ligne entre ces deux points peut être horizontale ou former un angle avec le terrain.

« *L'avant-main,* consistant dans les épaules, les bras et avant-bras, canons et pieds, doit être fixée sur la poitrine; et l'omoplate doit être couchée obliquement sur le côté, avec un développement complet des muscles qui la font mouvoir et doivent la pousser en avant pendant les courses. L'obliquité est de la plus grande importance, parce qu'elle agit comme un ressort qui annule les chocs de la course et du saut, et donne aussi une plus longue attache aux muscles qui, de leur côté, peuvent agir avec un grand bras de levier sur le bras et le canon.

« On verra, en examinant le squelette, que l'omoplate n'atteint pas le sommet du garrot, et que les os, qui forment cette partie, n'ont rien à faire avec l'épaule elle-même. De là provient que beaucoup de chevaux, à garrot élevé, ont les épaules faibles et mauvaises, tandis que, d'un autre côté, beaucoup de chevaux, à garrot bas, ont des épaules obliques et puissantes qui donnent la plus grande facilité et la plus grande souplesse aux extrémités antérieures. L'épaule doit être musculeuse, mais sans excès, et formée de manière à jouer librement dans l'action du cheval. La pointe de l'épaule ne doit pas être trop saillante ni trop plate. L'on doit désirer un certain développement de la pointe osseuse, mais tout excès est un défaut, et gêne l'action de cette partie importante. Le bras, entre cette jointure et le coude, doit être long et bien revêtu de muscles; le coude établi tout droit et ne rentrant pas dans la poitrine; l'avant-bras long et musculeux; les genoux larges et forts, avec la saillie osseuse postérieure bien développée; les jambes plates et montrant le ligament suspenseur large et libre; les pâturons assez longs sans être faibles; les pieds ni trop grands ni trop petits et sans le moindre degré de contraction : ce qui est le point délicat du cheval de pur sang.

« L'*arrière-main* est le principal agent de la locomotion et se trouve, par suite, d'une grande importance pour atteindre le but de la vitesse. L'on a souvent avancé que l'épaule oblique est la particularité la plus désirable pour cet objet, que de sa forme dépend la vitesse; cela est vrai jusqu'à un certain point; car il n'y a point de doute qu'avec une épaule chargée la haute vitesse est impraticable. En effet, quelque puissante impulsion que reçoive le corps, si, au moment où les membres antérieurs touchent la terre, la masse ne rebondit pas aussi vigoureusement qu'elle le devrait, l'allure devient lente. Pour la pleine et entière action de l'arrière-main, deux forces sont nécessaires, savoir : longueur et volume des muscles; puis, longueur du bras de levier sur lequel le muscle doit agir. Il s'ensuit que tous les os formant l'arrière-main doivent être longs, mais la longueur relative doit beaucoup varier pour que les parties sur lesquelles les muscles reposent soient longues plutôt que celles qui correspondent aux tendons, qui ne sont que des cordes et n'ont aucun pouvoir propulseur, mais ne font que transmettre celui qu'ils tirent des muscles eux-mêmes. Ainsi, l'os de la hanche doit être long et large et les deux parties supérieures du membre et du fémur doivent être longues, fortes et complètement développées. Le jarret doit être osseux et fort. Les os, sous le jarret, doivent être plats et sans adhésion; les ligaments et tendons pleinement développés et faisant librement saillie sans adhérence à l'os; les articulations bien formées et larges, mais sans grossissement maladif; les pâturons modérément longs et obliques, et, en dernier lieu, les pieds doivent correspondre à ce que nous avons dit pour les extrémités antérieures¹. »

## LI

### ROBES DU PUR SANG

« *La robe* du cheval de pur sang est généralement le bai, le bai brun ou l'alezan. L'une ou l'autre de ces robes paraîtra quatre-vingt-dix-neuf fois sur cent. Le gris n'est pas commun, ni le noir. Les rouans, les isabelle, les alezans brûlés sont hors de cause. »

Cette répartition des robes, attestée par un sportsman aussi éclairé que Stonehenge, est, d'ailleurs, trop évidente pour être révoquée en doute.

Mais par quel phénomène les robes, si variées, du cheval se sont-elles ainsi concentrées en deux ou trois nuances pour les chevaux de course ? Est-ce par le goût, par les préférences des sportsmen ? Ou bien le mérite attaché à ces robes a-t-il, par les épreuves, distancé et effacé les autres ? Il est incontestable qu'on a vu des chevaux de grande vigueur sous les robes noires, grises et autres. Mais la fantaisie des sportsmen n'a jamais dû être plus forte que l'ardeur de gagner de l'argent par

---

(1) *Le Cheval Anglais,* par Stonehengue, traduction du colonel de La Gondie.

la vitesse du cheval, quelle que soit sa robe. Il est probable que l'épreuve a joué le principal rôle dans ce résultat.

En effet, parmi les premiers chevaux orientaux amenés en Angleterre, il y eut des robes variées. On cite *White-Turk* et *Darcy-White-Turk* qui, nécessairement, étaient blancs. *Yellow-Turk* semble indiquer une robe isabelle, à moins que le mot *yellow* ne désigne un alezan très jaune. Le gris, le blanc, l'isabelle, ont disparu de la production des « racers. »

Voyons ce que disent les Arabes, tant ceux de l'Arabie que ceux du Sahara algérien. Chez les uns, comme chez les autres, le cheval noir *nubien* ou noir *jais* est le plus estimé, surtout s'il a pelote en tête et trois balzanes, dont la main droite est exempte. Le cheval favori d'Abd-el-Kader était ainsi, noir avec la pelote et les trois balzanes. Après le cheval noir vient le cheval bai, en commençant par le plus foncé. L'alezan, qui ne vient qu'en troisième, est toutefois réputé le plus vite des chevaux. « Si l'on vous assure avoir vu un cheval voler dans les airs, demandez de quelle couleur il était. Si l'on vous répond : « Alezan! » croyez-le! Dans le combat contre un alezan, il faut un alezan[1]. »

---

1. *Les Chevaux du Sahara*, par le général Daumas.

Les chevaux gris et les blancs sont recommandés pour monter les souverains ; ils sont surtout chevaux de pompe; cependant, on leur accorde des facultés de vigueur. Mais, en général, la superstition joue un grand rôle dans l'appréciation des Arabes, où les marques blanches et les épis sont pris en grande considération, eu égard à leur position, pour annoncer heur ou malheur.

Les robes méprisées sont la robe pie et l'isabelle à crins blancs ; tandis que l'isabelle à crins noirs, à raie dorsale et à bandes annulaires au haut des membres, a sa part d'estime. Le rouan est repoussé parce qu'il est qualifié « mare de sang. »

Il est à remarquer que, parmi les trois plus fameux ancêtres du turf, deux étaient alezans, *Byerley* et *Darley-Arabian,* et le troisième, *Godolphin,* était bai. Or, comme la postérité de ces trois chevaux a effacé celle de la plupart des autres, il n'est pas surprenant que leur robe se soit imposée à toute la production du pur sang. C'est là, selon toute apparence, la vraie cause de la convergence des robes vers le bai et l'alezan, et la prédominance du bai indique la prédominance de *Godolphin-Arabian* dans la production générale du « racer. ».

## LII

### VITESSE

La vitesse a dû gagner avec la taille des chevaux, qui permet d'embrasser plus de terrain à chaque battue, et aussi avec l'attention qui, toujours, a dirigé le choix des producteurs parmi les vainqueurs des courses. Grâce à ce soin, les facultés de la vitesse ont dû augmenter en faisant triompher les proportions, les lignes et les organes les plus favorables à cette fin. Le culte de la vitesse a-t-il compromis l'équilibre des autres facultés, telles que la puissance structurale et la vigueur de fond, ainsi que l'a soutenu l'auteur anonyme que nous avons cité? C'est ce qui n'est pas démontré en présence des puissants chevaux de pur ou de demi-sang qui développent leurs facultés à la chasse ou dans les longs trajets exécutés sous le harnais.

Les observations recueillies permettent de constater que, de 1730 à 1793, la vitesse a constamment augmenté ; mais, à partir de cette époque, la progression ascendante a cessé et s'est maintenue au même point. Il est remarquable que la période du progrès et son point d'arrêt coïncident avec l'accroissement de la taille, depuis celle des chevaux d'Orient, en moyenne 1^m,45, jusqu'à celle de 1^m,55, qui n'a cessé d'être la plus favorable à la course de vitesse. Les vainqueurs à 1^m,60 sont plus rares que leurs inférieurs en taille. Le cheval de pur sang peut être grand au delà de 1^m,60, mais l'excédent de la taille n'augmente pas la vitesse et même il ne la maintient pas.

Parmi les faits constatés de la vitesse actuelle, on cite *Surplice* et *Cymba* qui, en 1846, gagnèrent le Derby et les Oaks en parcourant chacun la même distance 2,927 mètres, en deux minutes quarante-huit secondes. Au Saint-Léger, *Sir-Tatton-Sykes*, cheval de trois ans, a couru 2,000 mètres en deux minutes treize secondes. *West-Australian* a couru 4,023 mètres en quatre minutes.

Enfin, on considère que la plus grande vitesse parcourue jusqu'à ce jour est celle par *Buccaneer*, le 22 mai 1862, dans le Trial-Stakes, à Salisbury, où cet étalon de cinq ans a franchi 1,600 mètres, portant un poids de 59 kilos, en une minute trente-huit secondes ; ce qui fait pour *Buccaneer*, comme pour *West-Australian*, *Surplice* et *Cymba*, le kilomètre en un peu moins d'une minute.

Ces derniers résultats, obtenus à travers des milliers d'épreuves, donnent lieu de penser que la légende de *Flying-Childers* et autres racers de son temps, parcourant un mille anglais (1,600 mètres) en une minute, est fabuleuse.

Ces faits de vitesse sont postérieurs à l'année 1844, où Montendre écrivait que la vitesse du « racer, » après avoir crû, ainsi que la taille, pendant les xvii° et xviii° siècles, avait atteint son apogée vers 1793, et, après être restée stationnaire quelque temps, avait décru. « La chose, disait-il, est positive et bien constatée. Les uns, ajoutait-il, attribuent cette décroissance à l'abus des préparations auxquelles on soumet les poulains, dès l'âge de dix-huit mois, pour les faire courir à deux ans ; d'autres prétendent qu'elle a pour cause la trop grande et trop fréquente exportation, sur le continent, des meilleures poulinières et des étalons de mérite. »

Cette dernière cause ne peut être la vraie, car la majorité des chevaux supérieurs appartient encore à l'Angleterre. Mais ce qui peut venir en aide à la première conjecture, c'est le nombre des tares et des affections articulaires qui se sont multipliées dans une proportion effrayante, mais qui n'empêchent pas les individus privilégiés de justifier de la plus grande vitesse et d'une parfaite vigueur.

Si la vitesse s'est accrue avec la taille des chevaux pendant un siècle, elle a aussi cessé de suivre la taille dans ses dimensions excessives. C'est entre 55 et 60 centimètres que se trouve la meilleure condition du cheval de course. La nature refuse les conditions d'agilité, de souplesse unies à la vigueur dans une taille trop élevée, comme elle les dénie à une corpulence trop épaisse.

Il était dans la nature qu'une évolution aussi considérable que la transformation du cheval arabe, de 45 centimètres, en moyenne, au « racer » anglais, de 60 centimètres, opérée par l'art et même par le climat, ne pût s'accomplir sans quelques dangers. On peut dire que la réussite a été merveilleuse. C'est une des remarquables conquêtes de l'industrie humaine sur la nature. Mais on ne saurait s'étonner que, à travers tous les triomphes, quelques taches se fassent sentir. Stonehenge lui-même, le grand historiographe du cheval anglais, n'hésite pas à les reconnaître.

« La maturité prématurée, dit-il, est incompatible avec la durée. Les chevaux de course ne doivent pas, toutefois, être considérés comme dégénérés, simplement parce qu'ils sont plus tôt mûrs qu'autrefois; mais il n'y a pas de doute que leur type a été modifié par l'attention qu'on a mise à produire cette spécialité. Le cheval de course est maintenant plus rapproché de la forme du poulain de deux ans. Il est devenu plus vite, mais il perd du fond en proportion. Cela se comprend facilement, parce qu'il est impossible qu'un cheval puisse maintenir une haute vélocité pour un aussi long temps et pour une distance comparable à celle qu'il franchissait à un galop moins rapide. J'ai montré qu'il pouvait faire, et qu'il fait maintenant la même distance en moins de temps que *Childers;* mais qu'il puisse maintenir son train aussi longtemps que le cheval d'autrefois, je suis loin de le croire.

« Un cheval lent soutient le train qu'il peut déployer, pendant longtemps, si on le compare au cheval vite, et l'on peut le mener ventre à terre, toute la distance, à moins qu'elle ne soit excessive; encore faut-il qu'il ait assez bon caractère pour s'y prêter. Mais le cheval vite se crèverait promptement si on lui permettait de s'étendre ou si on l'excitait à le faire pour une grande distance d'hippodrome. Il faut donc le ménager, à un certain degré, de peur des conséquences. Ici, nous devons d'abord prendre en considération ce type poulain, puis l'état des os et des muscles à l'âge de deux ans, puis l'épreuve à laquelle on met tout cela par l'entraînement prématuré, de sorte que toutes choses concourent à la production d'animaux tarés et faibles de complexion, et l'on ne peut s'étonner si la proportion des boiteries et des autres infirmités s'accroît. Il est vrai aussi que nos hunters et autres chevaux arrivent plus tôt à leur entière croissance. Cela procure sans doute un avantage; mais je crains qu'il ne soit plus que contre balancé par la décadence prématurée et le manque de durée de leurs jambes et de leurs pieds, comme le témoigne la fréquence des cas d'articulations enflammées et de pieds malades qui prévalent maintenant chez les chevaux de chasse et de route. Ainsi, ce que l'on gagne de trois à cinq ans se perd de dix à quinze ; et il y a surcroît de perte, je le crains ; car il est hors de doute qu'il faut élever plus de chevaux pour un temps donné qu'il n'était nécessaire autrefois pour la chasse, la route et le harnais. Toutefois, et comme je l'ai dit précédemment, le changement n'est pas entièrement malheureux, et l'utilité anticipée du cheval est une légère compensation de son usure prématurée.

« Le grand objet de nos jours est la production d'un nombre de chevaux de pur sang en état de produire de solides chevaux de chasse et de route. Or, ce but est incompatible avec le système actuel; on doit s'attendre à voir de jour en jour les chevaux plus délicats et plus frêles.

« Pour plusieurs objets, le cheval oriental est tout à fait impropre, comme par exemple tirer du poids et donner dans le collier. Là, son courage, sa légèreté et la vivacité de son tempérament sont l'inverse de ce que la besogne réclame, et il est de beaucoup surpassé par le vieux cheval de charrette anglais, ou par l'espèce moderne perfectionnée du cheval de gros trait. Aucun cheval de pur sang ne voudrait faire des efforts successifs à plein collier comme les chevaux de nos bonnes espèces charretières; et, par conséquent, il n'a pas été formé pour une œuvre qui doit être accomplie par des efforts lents et persévérants. Le cheval oriental et ses descendants tirent par saccades, et, quoique l'habitude puisse les modifier jusqu'à un certain point, jamais on ne les élèvera, pour le trait, au niveau du cheval de charrette anglais, quand même l'on pourrait augmenter suffisamment leur poids, leur grosseur et la force de leurs membres. »

En effet, la construction du cheval oriental est l'antipode de celle du cheval de trait. Le cheval de vitesse doit avoir l'épaule inclinée, le cheval de trait doit l'avoir droite.

Grâce à elle, ce dernier se jette en plein dans le collier et, à la force de ses muscles, il ajoute le poids de son corps qu'il y précipite, en baissant la tête et en haussant la croupe de toute la puissance de ses jarrets. Le cheval de sang, au contraire, ne peut trouver son aplomb dans le tirage qu'en haussant la tête et baissant la croupe sur ses jarrets pliés; si bien que le poids de son corps, au lieu de s'abattre dans le collier, retombe sur les jarrets et sur les pieds de derrière. La seule force des ressorts musculaires est en jeu et elle manque de point d'appui, parce qu'elle n'en peut prendre aucun sur le collier. Le cheval de sang peut tirer les voitures légères avec rapidité et longue haleine, mais il est impropre à mouvoir les lourds véhicules. Son application à l'artillerie me paraît hasardeuse, à moins que les pièces ne soient très légères. Il y a des trotteurs de trait légers, comme le percheron, l'ardennais, certains bretons et surtout le norfolk, qui tirent en gardant leur axe horizontal, même dans les plus grands efforts ; ceux-là conviennent surtout à l'artillerie, tandis que le cheval de sang, qui dresse son axe en avant, et le cheval de gros trait, qui l'y plonge, sont également peu à rechercher pour cette arme.

## LIII

### SUCCÈS DE L'ANGLETERRE

Quoi qu'il en soit des succès et des vicissitudes des « racers » anglais, la production anglaise a conservé une supériorité générale sur tous les chevaux des autres contrées de l'Europe et même du monde.

L'avantage que les Anglais ont tiré de la race de pur sang, si merveilleusement créée par eux, n'est pas seulement l'éclat du turf, c'est surtout l'infusion du sang aux diverses races de service. C'est par de justes degrés de sang que se sont formés les carrossiers élégants, puissants et de grande haleine, les hunters intrépides et cette population chevaline énergique qui fonctionne dans la Grande-Bretagne, car un peu de sang a été donné aux espèces les plus grosses, destinées aux travaux de l'agriculture et des fortes tractions. Les trotteurs du Norfolk sont une émanation du pur sang, combinée avec d'anciennes races qui, elles-mêmes, ont été favorisées par le sol de cette province et disposées à recevoir la solide amélioration que le cours des évènements devait apporter.

## LIV

### LE CHEVAL IRLANDAIS

Le cheval irlandais mérite une mention particulière. Une combinaison mystérieuse du sol et de l'atmosphère produit en Irlande, comme en Limousin, comme dans le Nedjed ou le Sahara, des effets étonnants sur la constitution du cheval. Le climat d'Irlande fait son cheval à lui, comme le Limousin fait le sien, mais avec des caractères différents. Tandis que le sol granitique et l'air vif du Limousin raffinent excessivement le cheval, l'atmosphère et le sol de l'Irlande le fortifient dans son ossature et ses muscles, tout en lui conservant les avantages de la vigueur et de l'agilité du cheval le plus noble. Le cheval de pur sang anglais, le sang arabe lui-même s'amincissent dans la production limousine, tandis qu'ils s'épaississent et se fortifient en Irlande.

On attribue cet effet à l'influence du Gulf-stream dont nous avons parlé, et dont les bienfaisants résultats se font sentir en Irlande plus que partout ailleurs sur la production du cheval.

Le pur sang, importé en Irlande, y déploie plus de force et moins de vitesse, parce que l'équilibre des facultés semble s'y déplacer au profit de la puissance structurale. Les effets du croisement y sont admirables pour unir la puissance, la solidité et une incroyable agilité sous des formes en apparence massives. L'aptitude à franchir les obstacles, ceux de hauteur surtout, est devenue proverbiale à l'égard du cheval d'Irlande. La production se fait avec beaucoup de succès dans l'est et le nord de l'île surtout. Le poulain est élevé avec grand soin; son développement précoce permet de le faire travailler de bonne heure sans qu'il subisse de détérioration. On l'emploie à la selle et au tirage avec les ménagements convenables.

Comme ces chevaux sont très recherchés pour la chasse, on les prépare dans ce but. On les familiarise avec le mouvement du sport et on leur apprend à sauter. Les cultures étant souvent séparées par des murs en terre, flanqués de fossés à droite et à gauche, on exerce le cheval à franchir cet obstacle en deux temps, prenant un point d'appui sur la crête du mur.

La réputation du cheval irlandais est donc justement établie. Ce cheval a tout pour lui : noblesse d'origine, puisée dans le sang oriental, puissance donnée par le climat, docilité et adresse, fruits d'une heureuse éducation.

Le cheval irlandais excelle comme « hunter ; » il est cheval de manège, cheval d'escadron, et aussi cheval de carrosse ; sa puissance et son agilité réunies en font le cheval de tous les services. Il mérite d'être appelé : « Le fils aîné du Gulf-stream ».

## LV

### LE PUR SANG EN FRANCE

L'Angleterre a formé sa race de pur sang sans que la France s'en occupât. L'esprit y était tourné au manège et non à l'hippodrome.

Après Newcastle, l'Angleterre ne compta plus d'écuyers ; l'art du sportsman et celui du jockey furent seuls en honneur. On fit des prodiges à cheval, mais toujours en ligne droite ; on s'enleva sur l'étrier, dans le galop de la course et de la chasse, dans le trot de la promenade, tandis que l'écuyer français s'étudiait à ne se servir de l'étrier que pour monter en selle et en descendre. Le XVIII$^e$

siècle fut le temps de notre grande équitation, où brillèrent Nestier, La Guérinière, d'Abzac, le prince de Lambesc.

Cependant, les idées britanniques pénétrèrent en France aux approches de la Révolution. Après avoir admiré la constitution anglaise, sur la recommandation de Montesquieu, et la philosophie de Newton, sur l'éloge qu'en fit Voltaire, on porta son attention sur les chevaux.

Vers 1780, le comte d'Artois, qui fut depuis Charles X, voulut avoir un haras à l'instar des princes et des seigneurs anglais. Il fit venir des étalons et des poulinières du plus noble sang. Il fut imité par le duc de Chartres, le marquis de Conflans, le duc de Fitz-James, le prince de Guémené, le duc de Lauzun. Des courses eurent lieu à Fontainebleau, à Vincennes et dans la plaine des Sablons, avec tout l'appareil usité en Angleterre.

Mais la Révolution interrompit ce début et creusa un abîme entre l'Angleterre et nous. Un quart de siècle s'est écoulé sans relations; et quand, en 1814, on vit apparaître la coupe des vêtements anglais et les grands chevaux effilés, on les accueillit avec un égal étonnement.

Cependant, la valeur incontestable des chevaux anglais, leur supériorité de taille, de force et d'haleine ne tardèrent pas à ramener l'attention. L'administration des haras fit venir, vers 1818, quelques étalons de pur sang. Et, dans le même temps, le comte d'Artois, rappelant ses anciens souvenirs, fit organiser, par le duc de Guiche, le haras de Meudon. Des juments et des étalons de pur sang furent établis dans les haras du Pin, de Pompadour et de Rosières, et donnèrent des produits qui furent les ancêtres de nos chevaux améliorés.

Des particuliers zélés, tels que MM. Lupin, de Beauvau, d'Hédouville, de Rothschild, Rieusec, de la Bastide, et lord Seymour, joignirent leur action à celle de l'État. Des courses furent établies au Champ de Mars et en divers hippodromes de province. Leur règlement, rédigé en 1832, désigna le pur sang comme le but vers lequel on devait tendre pour améliorer les races françaises. L'année suivante, la Société d'encouragement, dite «Jockey-Club,» fut instituée et donna une vive impulsion à ce goût naissant. Elle a contribué, pour une bonne part, à la colonisation en France du pur sang.

Cependant, ce ne fut pas sans de grandes difficultés et de longs combats que l'élevage du cheval de pur sang descendit de ces sommités dans une production plus étendue.

Les marchands avaient établi un commerce lucratif avec l'étranger; ils craignirent de voir diminuer leur bénéfice par la nouvelle production, et ils s'en déclarèrent, en conséquence, les adversaires. Les éleveurs, de leur côté, accoutumés aux formes rondes et massives des normands, aux proportions légères des limousins, prêtèrent l'oreille à la critique, et n'accordèrent pas leur confiance aux nouveaux étalons, qui parurent grêles et petits aux uns, trop difficiles à faire réussir, chez d'autres, en raison du défaut apparent d'ampleur. Les bonnes poulinières furent réservées pour les gros étalons officiels ou privés, ou bien pour les étalons indigènes, dans le Midi.

Les étalons de pur sang ne reçurent d'abord que des juments inférieures, les seules que purent obtenir les instances des officiers des haras. Il résulta de là de pauvres productions, des chevaux décousus que le commerce français dédaigna et que l'administration des remontes repoussa. On remarqua aussi que, parmi les poulains les mieux développés dans ces premiers croisements, les tares osseuses étaient devenues plus fréquentes que précédemment. Était-ce l'effet d'étalons compromis par les efforts de l'hippodrome? Était-ce celui d'un travail dans le croisement entre races dissemblables? Il est probable que ces deux causes agirent en même temps. Car, en Angleterre, les tares étaient beaucoup plus communes qu'elles ne l'avaient été dans l'ancienne production normande ou limousine, qu'elles ne le sont encore dans les races boulonnaise, percheronne et bretonne. Et, d'un autre côté, à mesure que le croisement s'est prolongé et que l'assimilation s'est établie, le nombre des tares a diminué de manière à ne se présenter plus que comme de simples accidents.

Cependant, il résulta de cette laborieuse période de transition, qui ne dura pas moins de vingt ans, une guerre acharnée contre les haras, entreprise par une ligue d'éléments fort disparates, poursuivant un but commun, coloré « d'industrie privée »; mais ils eussent été incapables de s'entendre après la victoire s'ils l'eussent obtenue.

La presse et la tribune s'emparèrent de la question, l'agitèrent avec leurs passions accoutumées, s'en servirent pour faire échec aux ministères successifs et aux gouvernements quels qu'ils fussent, bien plus que pour assurer une meilleure production chevaline.

La révolution de Juillet supprima plusieurs dépôts et diminua le nombre des étalons pour faire acte de popularité envers « l'industrie privée » qui ne lui en sut aucun gré, car ce n'est pas elle que l'on satisfaisait, mais seulement l'opposition politique. Quant à elle, elle ne cessa de réclamer contre les suppressions, par l'organe des conseils généraux. En effet, l'industrie privée qui, depuis la multiplication et l'amélioration des routes, a moins d'intérêt à élever le cheval de selle, ne produit de chevaux d'armes que grâce aux étalons de l'État, offerts comme subvention, à prix réduit ; hors de là, elle ne fait que des chevaux de gros trait, ou des animaux de peu de valeur.

La guerre continua pendant le gouvernement de Juillet, et la révolution de 1848 arriva au plus fort de la tempête chevaline. Le nouveau pouvoir, sollicité, pressé d'abolir les haras, convoqua une commission composée d'éleveurs, d'officiers supérieurs de l'armée, de turfmen, d'hommes politiques, et lui remit le soin de décider la question. Mais ces hommes, dont plusieurs étaient naguère opposés, se voyant au bord de l'abîme, reculèrent, et ils votèrent le maintien des haras à l'unanimité moins une voix.

Cette décision fut suivie d'un calme relatif, favorisé, d'ailleurs, par les préoccupations politiques, et qui augmenta lorsque la direction des haras fut confiée au grand écuyer, le général Fleury.

Cette trêve permit de reconnaître que la période du croisement, si péniblement écoulée au milieu des passions et du doute, aboutissait à une période brillante d'assimilation, où les races de Normandie, de Poitou et autres lieux favorables à l'élevage du cheval de guerre, avaient convergé vers le sang. Le résultat cherché était obtenu, sinon pour toute la France, au moins pour les contrées susceptibles de recevoir ce genre d'amélioration.

Aujourd'hui, l'importation en France du cheval

de pur sang, d'origine orientale, est un fait accompli. L'État et d'honorables particuliers ont rivalisé de zèle pour arriver à cette fin. La Société d'encouragement a déployé autant de persévérance que d'ardeur. Nombre de sociétés se sont formées, en province, à son instar, et ont établi des hippodromes. Ces diverses sociétés ont favorisé la production du sang; elles ont multiplié les courses, soit de vitesse, soit au trot; ces dernières ont pour but spécial d'éprouver et de préparer les étalons destinés à la reproduction des chevaux de service militaire ou civil.

L'État achète les chevaux qui ont réussi dans ces épreuves et qui justifient de qualités suffisantes pour être admis dans les haras.

La carrière des courses étant terminée, aucun emploi des chevaux qui s'y sont distingués ne peut être plus avantageux à leurs détenteurs et à la production générale, que cette acquisition faite par l'État à un prix rémunérateur, pour, ensuite, livrer le service de ces étalons, à prix réduit, à l'industrie privée. Tout le monde gagne à cette évolution: le sportsman qui, sans cela, serait embarrassé de ses coureurs émérites; l'État qui y trouve un moyen d'assurer le progrès du cheval de guerre et de luxe; l'éleveur qui fait naître, sur sa prairie, un cheval amélioré dont, sans cette subvention, il n'aurait pu risquer les frais.

En France, en effet, l'éleveur n'est pas un lord millionnaire; c'est un modeste fermier qui, généralement, emploie le bœuf aux travaux agricoles, et ne consent à produire le cheval de selle, le cheval de guerre ou de distinction, que parce que, n'en ayant pas besoin personnellement, l'État lui offre la subvention de l'étalon. Chez cet agriculteur, la production du bœuf est toujours autant, et souvent plus profitable que celle du cheval. Avec lui, il ne faut pas rêver de hauts prix pour le service de l'étalon.

## LVI

### DIVERSITÉ DE L'ÉLEVAGE

La production du cheval de sang en France n'est pas un fait général et ne peut l'être de longtemps. C'est un fait à compartiments topographiques qui ne peut se réaliser que là où il y a réunion de l'herbage, de l'éleveur « conscient, » de la poulinière et de l'étalon. L'étalon se présenterait vainement dans les lieux où le sol et l'homme ne sont pas disposés. Des améliorations pourront certainement se faire sur des surfaces plus étendues; mais, pour le moment, il faut étudier ce qui existe et favoriser le progrès, qui ne peut s'opérer que lentement, là où la terre et l'agriculture ne sont pas prêtess à faire l'évolution.

Dans l'Angleterre proprement dite, le pays étant doté d'herbages excellents et en possession d'une riche agriculture, le cheval, élevé en des conditions diverses, atteint, en chacune d'elles, une vraie perfection et, quelquefois même, il la dépasse, comme dans le grand cheval noir du Lincohshire et le « punch » de Suffolk, chevaux démesurément grands et épais, ainsi établis pour l'amour-propre plus que pour l'utilité de leurs maîtres. Le climat, le sol et la richesse, tout concourt en Angleterre à faire le cheval supérieur.

En France, les éléments physiques et moraux sont bien différents ; le cheval de pur sang, tel que les Anglais l'ont acclimaté, grandi, développé et doué d'éminentes qualités, ne peut prospérer que dans une certaine zone, rapprochée du climat de l'Angleterre. Le littoral de la Manche, et particulièrement la Normandie, les terrains frais et le climat doux de quelques localités de l'ouest et du centre de la France lui sont favorables. Mais, en s'avançant vers le Midi, le cheval de pur sang tend à perdre de sa taille et surtout de son volume. Dans le Limousin, par exemple, climat hippique si original, qui dévore la lymphe et distille la quintessence du sang, pour le faire évaporer ensuite, le cheval de pur sang affecte des proportions plus réduites qu'en Angleterre et en Normandie : il acquiert moins de taille; ses os sont plus menus; ses muscles amincis sont dessinés avec une délicatesse extrême, et la peau qui les enveloppe semble un épiderme transparent, voilant à peine les ciselures qu'elle recouvre. Le climat du Limousin fait sa chose du cheval anglais comme il la fait de tout cheval distingué qu'on lui confie. Il le dessèche, le sculpte finement, donne du feu et du fond, mais il lui retire la faculté de porter ou de traîner des fardeaux.

Le cheval de pur sang, venant d'Angleterre en Limousin, subit une réaction analogue à celle qu'il éprouverait dans le Nedjed ou le Sahara, ses points de départ, s'il y était ramené. Il y redevient plus petit, plus menu, plus sec, en dépit des soins qui lui sont prodigués dans un élevage d'élite, et il n'est pas à la portée de l'élevage populaire. La chose se passe à peu près ainsi dans les autres contrées du midi de la France. On y peut faire d'excellents chevaux, mais seulement dans le genre léger, et le sang arabe y réussit mieux que le sang anglais. C'est donc avec une juste raison que les chevaux du Midi ont été dispensés de courir contre ceux du Nord; ils ont leur valeur propre, mais non une valeur universelle.

Il est certain que, dans la production populaire, le cheval de pur sang joue un rôle limité. Il a amélioré et transformé la race normande, certaines tribus de la race bretonne, celles du littoral poitevin et saintongeois. Il a favorisé la création d'une race angevine qui n'existait pas. Ces améliorations deviendraient plus grandes si les soins répondaient à l'excellence de la génération. On sait que le pur sang ne peut prospérer que par la bonne nourriture d'herbage et d'avoine et par des soins incessants; il a été fait, à cet égard, des progrès qu'on ne peut contester.

Mais une chose manque dans notre élevage rustique, c'est cet amour pour le cheval, ces soins de tous les instants qui font que l'animal s'attache à son éleveur et s'habitue à le regarder comme une providence. C'est par là que les chevaux arabes et les barbes, quoique élevés à travers les difficultés du désert, acquièrent tant de qualités, tant de vigueur et de douceur à la fois.

Dans nos provinces du Nord et aussi dans le Perche et en Bretagne, où le cheval de trait est l'élève populaire, il obtient de ses maîtres les soins qui conviennent à sa grosse nature. Né à l'écurie, pendant l'hiver, il se familiarise avec son éleveur; il est mis au travail dès l'âge de dix-huit mois, alors qu'il n'a pas de malice acquise; il se trouve dressé avant d'avoir songé à se défendre.

Dans les races de distinction, au contraire, l'éleveur est étranger à l'usage de son élève et laisse à la prairie, où le poulain nait au printemps, le soin principal de l'éducation. Aussi, le préjugé a-t-il toujours été, dans cette production, que, si l'éleveur devait faire naître le cheval, c'était au consommateur de le dresser et de s'en servir, que c'était compromettre soi et le poulain qu'essayer de dresser celui-ci. Le commerce a infligé une rude punition à cette erreur, en amenant sur nos marchés des chevaux dressés qui ont fait délaisser nos coursiers indomptés.

Mais l'administration a pris des mesures pour faire cesser une aussi regrettable routine. Des écoles de dressage ont été instituées sur les principaux points de la production. La « Société hippique française » a pris une large part à ce mouvement, en créant des concours régionaux où des prix sont offerts pour des courses au trot, attelées et montées, et pour les justifications d'un dressage convenable; enfin la remonte achète de préférence les chevaux qui se laissent monter.

Le général Alexandre de Girardin, ancien grand veneur impérial, proposa, vers 1840, un système pour l'amélioration des chevaux. Il consistait à créer et perfectionner les routes, alors peu avancées, et à remplacer les voitures massives du roulage et de l'agriculture par des chariots légers, dans la forme allemande. La conséquence en devait être, selon lui, de rendre inutile le cheval de gros trait, et de lui substituer un animal plus léger, plus élégant, compensant, par son énergie, la lourde puissance de l'autre. Ce nouveau produit qu'il proposait de nommer le « cheval de tous les services » devait convenir aux voitures de luxe, à la chasse, au manège, au service militaire, enfin à l'agriculture et au roulage lui-même.

Or, les routes se sont effectuées dans toute l'étendue et avec le soin que demandait l'honorable général; mais les sympathies ou l'indifférence attachées à nos races ne se sont pas modifiées. Le charretier est resté fidèle à son gros limonier et s'est toujours révolté contre l'idée de le convertir en un animal plus léger, plus élégant; il a été jaloux de son cheval comme on l'est de son patrimoine, et a voulu continuer de l'approprier à son usage avant de le mettre au service d'autrui. Voilà une résistance morale à l'idée du général; mais il y avait aussi un obstacle physique, c'est que le « cheval de tous les services, » fin et fort tout à la fois, s'il peut s'obtenir dans le nord de la France et sur de bonnes prairies, serait péremptoirement refusé par tout le sol du Midi. Les races de trait, échappant aux combinaisons du général de Girardin, sont restées les races les plus populaires. L'agriculture les fait toute seule et sans les secours du gouvernement; c'est sa chose propre; elle laboure avec la mère, elle labourera avec le fils, avant que celui-ci aille traîner les omnibus et les camions de grandes villes, ou les pièces d'artillerie.

Aujourd'hui, la production chevaline française, dessinée à divers degrés de l'échelle, ou répartie par localités, se divise approximativement ainsi :

1° Élevage du pur sang anglais, confié particulièrement à l'industrie de l'hippodrome. Il a son siège principal dans le rayon de Paris et en Normandie. Mais il s'étend avec succès dans presque toute la France entre les mains de sportsmen zélés. Des hippodromes se sont établis à peu près en chacun de nos départements. Nos premières écuries rivalisent avec celles d'Angleterre et ont lutté quelquefois avec avantage contre celles-ci, sur les principaux hippodromes d'Angleterre et de France.

2° Élevage d'arabes purs et d'anglo-arabes par le haras de Pompadour. Les produits de cet élevage, inscrits au Stud-book, sont particulièrement destinés à l'amélioration des races en Limousin et dans le Midi, et à la production du cheval de cavalerie légère.

3° Élevage du demi-sang anglais, pratiqué par l'industrie privée, en Normandie, en Poitou, en Saintonge, dans quelques localités de la Bretagne et en divers autres lieux. Cette production se fait presque uniquement par les étalons de l'État, dont le service est offert à bon marché. C'est une condition essentielle de cet élevage, qui ne pourrait se soutenir s'il lui fallait payer à pleine valeur le service des étalons nécessaires à ce genre de production. Le cheval de demi-sang, ainsi obtenu, remonte la cavalerie de réserve et de ligne ; il est apte aussi à remonter l'artillerie. Ses choix supérieurs, en s'adaptant aux équipages de luxe, offrent une prime avantageuse aux éleveurs de chevaux d'armes et sont pour eux un sérieux encouragement.

4° Élevage de demi-sang arabe ou anglo-arabe dans le Midi ; son produit est destiné à la cavalerie légère.

5° Les races de gros trait, en Artois, Picardie, Flandres, etc. Elles s'élèvent sans le secours des haras, parce que leurs étalons, employés aux travaux agricoles, payent, par là, leur entretien ; et leur service peut être livré à prix modéré.

Ce qui caractérise le gros trait, c'est qu'il ne travaille qu'au pas. Dans ses plus grands efforts, il baisse la tête et hausse la croupe en redressant ses jarrets, d'abord pliés. Il se jette, pour ainsi dire, de haut en bas dans le collier. Une épaule droite et épaisse est la plus favorable à ce genre d'action ; tandis que le cheval de sang ou de demi-sang, à épaule inclinée, ne peut se mettre en harmonie avec le collier qu'en haussant la tête et baissant l'arrière-main. Au lieu de jeter son poids sur le collier, il le ramène en arrière, et, alors, ses jarrets portent non seulement le poids du cheval, mais tout l'effort de la traction. Le cheval de sang ne convient qu'au tirage des voitures légères, qu'il excelle à mener avec rapidité et longue haleine.

Le cheval de trait, mal fait et décousu, hausse la tête et baisse la croupe comme le cheval de sang. Chez lui, c'est un défaut, parce que, alors, il ne tire qu'avec ses muscles, non avec son poids.

6° Le cheval de trait, moyen ou trotteur. Il est le produit du Perche, des Ardennes, du Morvan, de la Bretagne. Dans ses efforts, il conserve son axe horizontal et trotte facilement sous le harnais. Il fut le cheval de la malle-poste et de la diligence. Aujourd'hui, il est celui de l'omnibus, de l'artillerie et des voitures de demi-luxe.

7° Nous ne pouvons omettre les petits chevaux qui naissent sur les landes de Gascogne, de Bretagne ou de la Hague, près Cherbourg. Ils s'engendrent au hasard, comme les chevaux sauvages, s'élèvent de même et puisent dans ce mode d'existence une vitalité digne de l'Ukraine ou des Pampas. D'une sobriété égale à leur excellent appétit, ils sont toujours prêts à faire vingt lieues par jour sous le cavalier ou attelés à une voiture légère. Ils montaient autrefois les chevaliers se rendant d'un champ de bataille à l'autre, et les quittant, au moment du combat, pour d'autres chevaux. Leur nombre diminue chaque jour devant le soc de la charrue, suivant la loi édictée par Lullin de Châteauvieux. Au lieu de valoir 50 francs, comme au commencement de ce siècle, ils en valent aujourd'hui 400.

8° Enfin, la huitième et dernière classe est celle de ces malheureux chevaux nés et nourris sur les pâturages communaux, ou en des écuries malsaines et des champs rocailleux. Leur génération, quand elle n'est pas spontanée, coûte au plus 1 franc. Ils sont le produit et les auxiliaires d'une culture arriérée. Ils sont chevaux de trait, bâtards et informes, dénués de souplesse et de grande vigueur. Ils ne conviennent qu'aux cultivateurs chez lesquels ils sont nés, et ne peuvent entrer ni dans le commerce, ni servir à l'armée. C'est ce qu'on peut appeler la « bohème chevaline, » beaucoup trop nombreuse en France. Elle est fort difficile à améliorer. Les haras sont impuissants à son égard, parce que leurs étalons ne peuvent rien où il n'y a ni prairie passable ni éleveurs résolus.

Si le service des haras est sans effet sur la bohème chevaline, s'il est étranger à la production des races de trait, il est hautement justifié par les avantages qu'il offre aux pays producteurs de chevaux de sang, parmi lesquels se trouvent uniquement les chevaux de la cavalerie et ceux employés par le luxe. En ces contrées, l'auxiliaire des haras est accueilli avec reconnaissance et considéré comme le seul moyen de succès. Sans leur secours, en effet, ces deux sortes de chevaux ne se produiraient pas, et la France deviendrait tributaire de l'étranger. Il serait impolitique et antiéconomique de l'être volontairement pour les chevaux de luxe; il est, à plus forte raison, inadmissible d'accepter cette position pour les chevaux nécessaires à l'armée. Cette double production n'est pas facile à obtenir de l'agriculture qui y a peu d'intérêt. Si la production actuelle suffit à peine, c'est moins à cause de l'insuffisance des étalons officiels qu'à cause de l'insuffisance des éléments de la production populaire.

Pour la cavalerie de toute arme, il faut avant tout un cheval de selle avec l'épaule inclinée, qui assure la souplesse et la légèreté, mais n'est pas favorable au tirage pesant. L'agriculture, au contraire, tient à employer et, par conséquent, à produire un cheval à épaule droite, donnant d'aplomb dans le collier, et peu apte à la selle. Voilà le secret de l'antagonisme qui existe entre notre agriculture attelée de chevaux, depuis le puissant boulonnais jusqu'à la faible haridelle de maint département, et les haras demandant, avant tout pour l'armée, le cheval de selle, et ne pouvant l'obtenir que dans les pays d'herbages, où l'éleveur emploie e bœuf à ses travaux agricoles. Cette raison d'antagonisme n'est pas sans fondement. Elle est surtout excusable chez les boulonnais, les ardennais, les percherons, qui produisent de bons chevaux ; elle l'est moins dans la routine qui en produit de mauvais.

Les charretiers usent de leur droit en faisant le cheval de charrette ; les haras font leur devoir en provoquant, autant qu'ils le peuvent, la production du cheval de selle, propre à la cavalerie.

## LVII

### LA PRODUCTION DU CHEVAL DANS LE NORD-EST DE L'EUROPE

Après avoir parlé de la production du cheval en France et en Angleterre, il importe de faire connaître celle de l'Allemagne et des autres pays au nord et à l'est. Le caractère de l'élevage n'est plus le même. La population humaine est moins dense ; la charrue, par conséquent, n'a pas autant défriché, les pâturages sont plus vastes et plus abondants.

Avec ces conditions, la production du cheval est plus facile et moins coûteuse que sur le sol anglais ou français.

Nous suivrons une géographie hippique, et non

une géographie politique, afin de mieux conserver à chaque race le nom sous lequel elle s'est fait connaître.

## LVIII

### PAYS-BAS

Nous ne dirons qu'un mot de la Belgique, beaucoup plus adonnée à la production bovine qu'à l'élève chevaline. Elle élève surtout le cheval de gros trait et vise trop à la haute taille et à la masse. Cependant, vers sa frontière sud-est, elle touche aux Ardennes, et elle y élève avec succès le cheval ardennais, ayant moins de volume et plus de ressort ; ce cheval est recherché comme trotteur sous le harnais, pour le service de l'artillerie et des omnibus.

L'ancienne Frise et sa voisine, la province de Gueldre, élèvent de concert un grand cheval, beau trotteur ; c'est le descendant de ces destriers de Frise, si prisés des hommes d'armes du moyen âge. Ces guerriers ne s'en servaient que pour le combat, à l'approche duquel ils descendaient de leurs haquenées pour monter sur leurs « grands chevaux » et s'élancer dans la mêlée.

Cette race produit aujourd'hui des trotteurs distingués sous le nom de « harddravers, » qui brillent sur les hippodromes et sont, après cette première carrière, fort recherchés pour l'attelage.

## LIX

### LE HANOVRE

Le Hanovre se présente ensuite ; c'est lui qui nous envoie le plus de chevaux. Au point de vue hippique, nous le divisons en haut et bas Hanovre. Le premier, qui contient la capitale et les principaux haras améliorateurs, occupe la partie de l'est ; le bas Hanovre s'étend sur les rives de la mer, depuis l'embouchure de l'Elbe jusqu'à la frontière de Hollande, où il touche à la Frise, dont la production diffère peu de la sienne. Le Hanovre contient aussi la principauté d'Oldenbourg. C'est cette contrée basse qui produit le plus de chevaux, grâce à ses marais d'alluvion, dont les fertiles prairies bordent la mer et remontent le cours de trois fleuves : l'Ems, le Weser et l'Elbe. Elles sont submersibles en hiver, mais, au printemps et en été, elles produisent en abondance des herbes épaisses. Le cheval s'y développe en des proportions amples, sur un squelette régulier. Mais la nature de l'herbage produit des muscles empâtés, avec un tempérament lymphatique et des pieds évasés, qu'aucun croisement n'a pu redresser jusqu'à ce jour. Ce sont de grands carrossiers, ne manquant pas de figure. Avant d'être livrés au commerce, ils reçoivent un dressage par la charrue et sont copieusement nourris à l'avoine. Le commerce les enlève pour les vendre avec profit, non seulement en France, mais en Allemagne, en Italie, en Espagne, et même en Angleterre. Les principaux foyers de ce commerce sont à Hambourg, à Brême, à Jever.

La position spéciale du Hanovre, entouré de voisins qui font une grande consommation de chevaux, fait affluer dans ce pays d'immenses capitaux; ces moyens lui permettent d'y importer, pour l'amélioration des races chevalines, les meilleurs éléments, surtout ceux d'Angleterre.

La chance qu'a eue le Hanovre de voir ses princes monter sur le trône d'Angleterre lui a été favorable. Les rois d'Angleterre n'ont cessé, si ce n'est pendant l'occupation française et depuis l'annexion de 1866, d'avoir à Hanovre une maison royale toujours prête à les recevoir; ils y avaient une maison militaire très bien montée, et ils ont propagé le cheval anglais. Les écuries du roi étaient placées au centre de la ville de Hanovre et contenaient, en 1847, lors du voyage hippique de M. Riquet[1], deux cent trente étalons. Les haras

1. *Voyage hippique au nord-est de la France*, 1847.

de Celle, de Lopshorn et de Memmsen renfermaient, en outre, nombre de chevaux et de poulinières d'élite.

A l'aide de ces foyers, le sang anglais a rayonné dans la production hanovrienne. Il a combattu la lymphe dans le bas Hanovre et appelé de la distinction dans le haut Hanovre, avec des succès variés, suivant la nature du sol. Les productions autour de la ville de Hanovre sont particulièrement remarquables par leurs formes et leurs qualités.

Après les effets généraux produits par le sang anglais, on distingue aussi des familles à cachet particulier. Telle est celle du haras de cinquante poulinières, établi à Memmsen, pour la spécialité des chevaux gris-blancs et isabelle, destinés, de temps immémorial, au service de la maison royale de Hanovre. De ce haras sortirent, dit-on, huit chevaux isabelle, envoyés par la princesse de Hanovre à Napoléon 1er.

La principauté de Lippe-Dettmoldt est une contrée accidentée, plantée de bois dans une partie de son étendue et riche en pâturages qui favorisent l'élève des chevaux. Là se trouve la souche d'une race particulière. Le haras de Lopshorn, qui lui est consacré, se compose de vingt étalons arabes et anglais et d'un grand nombre de poulinières distinguées. « Celles-ci, suivies de leurs poulains, sont, dit M. Riquet, abandonnées dans la forêt de

Lippswald, où sont établis des hangars et autres abris pour les recevoir pendant l'hiver. Ces animaux vivent ainsi à l'état presque sauvage. De très bons pâturages occupent le fond des vallées de cette contrée accidentée, que traverse la chaîne des montagnes Hercinéo-Carpathiennes. La race des chevaux de ce haras porte le nom de « senner. » Ils ont une taille moyenne de 54 à 56 centimètres ; ils sont pleins de distinction ; la tête est carrée, l'encolure élégante ; beaucoup de fond et de brillantes allures sont des qualités communes à tous. Mais, malgré leur distinction, on reproche aux chevaux senners d'être minces, serrés, trop peu musclés, et d'avoir le pied presque encastelé.

Ne dirait-on pas le portrait de l'ancienne race limousine, produite par un sol de la Germanie, semblable lui-même à notre Limousin ?

Les caractères des races hanovriennes tendent à disparaître par l'action incessante du sang anglais que le gouvernement anglo-hanovrien s'est efforcé, pendant de longues années, de produire presque exclusivement. Cette influence est très sensible par ses résultats dans les vallées du Weser et de l'Elbe. L'espèce chevaline de la partie nord du Oldenbourg et de l'Ost-Friesland conserve cependant, en grande partie, les caractères de l'ancienne race hanovrienne.

En résumé, on distingue dans le Hanovre, les

types de la race anglaise, de la race hanovrienne, et de la dernière, améliorée par la première. Les chevaux du Hanovre, dans chaque race, se distinguent en carrossiers et en chevaux de selle. Chacune de ces catégories comprend les chevaux de luxe et les chevaux communs.

## LX

### DANEMARK

Les chevaux danois ayant, de tout temps, joui d'une haute renommée, il nous est impossible, en parlant d'eux, de ne pas les considérer dans leur ancienne nationalité. Nous continuerons donc à appeler chevaux danois ceux produits par le Holstein et le Slesvig aussi bien que ceux du Jutland et des îles qui font aujourd'hui le noyau principal de la monarchie.

Le territoire de l'ancienne péninsule danoise est bas et humide ; mais sa température est adoucie, réchauffée même, sous l'influence bienfaisante du Gulf-stream, ce courant atlantique qui apporte aux côtes septentrionales de l'Europe une impression affaiblie des effluves tropicales, et donne du ton aux grasses prairies de ces rivages.

La disposition du sol, favorable à l'agriculture et plus particulièrement aux pâturages, a développé le cheval danois en des conditions de taille et d'ampleur inconnues dans les pays méridionaux. Mais, depuis 1826, l'introduction du sang anglais s'est fait sentir en modifiant les chevaux du Holstein, du Slesvig et des îles ; le Jutland seul a conservé à ses chevaux leur caractère primitif.

Les plus anciennes races chevalines danoises, d'après le dire des hommes spéciaux du pays, présentaient, en certaines contrées, des caractères d'analogie avec la race cosaque ; ce qui peut s'expliquer par la migration d'Odin, venu d'Asie en Danemark avant le commencement de notre ère. La richesse des pâturages a développé la stature : le sang oriental et espagnol sont venus, dans les temps modernes, modifier les formes en attendant la régénération anglaise.

Jadis, les plus riches propriétaires du Danemark entretenaient des haras d'une certaine importance. Le nombre en est bien diminué aujourd'hui, et les deux haras les plus en relief sont le haras royal, dans l'île de Seeland, et celui du duc d'Augustenbourg, dans l'île d'Alsen.

Le haras royal possède des étalons de pur sang et de demi-sang, et un certain nombre d'arabes. En outre de ceux affectés au service des poulinières royales, des étalons sont envoyés en station chez des particuliers, soit dans l'île, soit en dehors.

L'île d'Alsen, sur la côte du Slesvig, est longue

de 35 kilomètres et large de 10. Elle est le domaine du duc d'Augustenbourg, qui y a établi un haras digne d'une mention particulière. Ce fut à la suite d'un voyage en France et en Angleterre, exécuté en 1820-1821, que le duc, alors régnant, créa ce haras. Le premier but fut d'élever, pour son écurie particulière, des chevaux destinés au carrosse et à la chasse. Mais le succès du haras ne tarda pas à étendre son influence au delà des besoins du prince. L'île d'Alsen, tout entière, transforma sa race, et le progrès gagna le continent. Le préjugé des éleveurs contre le sang anglais s'effaça peu à peu, et la réussite des croisements prouve que le sang anglais peut s'acclimater dans le nord de l'Europe.

Lorsque M. Riquet visita ce haras, en 1847, il était composé de quarante étalons de pur sang et de demi-sang; les poulinières étaient au nombre de quatre-vingts; il y avait, en outre, un grand nombre de poulains, portant le chiffre total des têtes à quatre cents.

Les poulinières appartenant aux éleveurs de l'île furent servies par les étalons du duc; leur nombre, de cent à peine, en 1832, était de plus de cinq cents en 1848. Le duc Christian d'Augustenbourg, homme simple dans ses manières, mais d'un esprit orné et élevé, ne craignait pas de se mêler aux paysans, de fréquenter les foires, à la manière des cultivateurs danois. Il dirigeait les éleveurs dans le choix des étalons, des juments, et dans l'élève des poulains.

Les caractères de la race des chevaux d'Alsen sont ceux de la race anglaise. La plupart sont vendus comme provenant d'Angleterre.

Le duc d'Augustenbourg fait courir sur les hippodromes de Danemark. Il a établi, pour l'entraînement de ses chevaux, un magnifique hippodrome sur les bords de la mer.

Le cheval danois est ordinairement employé aux travaux agricoles dès l'âge de deux ans et demi à trois ans; il n'est jamais monté avant quatre ou cinq ans. On le traite avec beaucoup de ménagement et de douceur. Il est d'abord attelé avec de vieux chevaux pour commencer son éducation. Les conducteurs marchent rarement à pied; les chevaux porteurs sont, en guise de selle, garnis d'un panneau rembourré, ayant ou non des étriers. Le porteur alterne dans l'attelage avec les autres chevaux. Cette coutume explique comment les chevaux danois, dès l'âge de quatre ans, sont dressés au trait et à la selle. Les conducteurs font peu usage du fouet.

Le Danemark produit, en toutes ses provinces, des chevaux pour le commerce extérieur. Cependant, les plus recherchés sont ceux du Holstein, et particulièrement de la Marche du Holstein.

longue de 60 à 70 kilomètres, qui s'étend, sur la rive droite de l'Elbe et sur les côtes de la mer du Nord, jusqu'à la limite du Slesvig. L'Elbe et la mer, par leurs alluvions, ont fertilisé le sol que protègent des dunes et des digues. La Marche du Holstein, par ses productions agricoles et par l'élève des bêtes bovines et chevalines, était la plus riche contrée du Danemark; elle est principalement formée de vastes et précieux pâturages, coupés de fossés larges et profonds, pleins d'eau, qui divisent le sol en carrés de 1 à 2 hectares. Pour passer de l'un de ces parquets dans l'autre, on franchit les fossés à l'aide de grandes perches.

C'est absolument l'image de nos marais d'alluvion de la Vendée et de la Charente-Inférieure. Ces immenses prairies sont couvertes de chevaux et de bêtes bovines. On y rencontre peu de chevaux de luxe de premier ordre, mais une infinité de bons carrossiers, et de chevaux propres à l'arme des cuirassiers.

La race des chevaux du Holstein a les formes belles, quoique un peu massives, ce qui vient de la nature des pâturages où ils sont élevés; le sang anglais leur donne plus de distinction.

C'est de la Marche du Holstein que sont originaires la plupart des carrossiers danois importés dans la France, la Prusse, la Hollande; et beaucoup d'autres pays viennent puiser à la même source.

Le haras royal de Danemark est établi, dans l'île de Seeland, à Frederiksborg. Les pâturages sont riches et de bonne qualité, entremêlés, çà et là, de bois et de grandes forêts. Malgré l'introduction du sang anglais, la race des chevaux de Seeland s'est en partie conservée pure. En 1804, le roi Frédérik VI possédait, en outre d'un haras domestique, un haras sauvage ; le premier contenait neuf cents têtes, le second cinq cents. M. Nillson, qui en avait la direction spéciale, avait obtenu les résultats les plus brillants, sans y admettre un seul cheval anglais. Un cheval turc, nommé *Odin*, deux andalous, avec des juments domestiques et sauvages, lui ont suffi pour créer une race semblable à nos chevaux navarins.

Il existe beaucoup d'analogie entre le Danemark et le Hanovre pour l'élève et le commerce des chevaux ; la nature des pâturages est à peu près la même, et les mêmes marchands parcourent les deux pays.

## LXI

### MECKLEMBOURG

La répartition du sol en vastes propriétés a permis, depuis plusieurs siècles, aux grands seigneurs du Mecklembourg de se livrer avec avantage à l'élève du cheval de luxe. Il existe nombre de seigneurs qui possèdent des haras considérables où ils élèvent le cheval de pur sang. L'ancienne race du Mecklembourg, déjà fort noble par elle-même, a vu, par là, accroître sa distinction au point qu'elle se confond presque avec la race anglaise. Aujourd'hui, presque tous les chevaux de luxe achetés dans le Mecklembourg sont exportés comme chevaux venant d'Angleterre. Le cheval du Mecklembourg est généralement considéré comme le plus élégant et le meilleur des chevaux du Nord.

C'est dans le duché de Mecklembourg-Schwerin qu'est situé le haras de Radefin. Cet établissement possède cent étalons de pur sang, demi-sang anglais, et des étalons arabes, plus des juments de pur sang, de demi-sang et des poulains. C'est pour ce haras que le grand-duc acheta l'étalon *Rogyngame* au prix de 100,000 francs.

On cite le haras de Zierow-Wittendorf, dans la province de Wismar, appartenant aux barons de Biel; il contient plus de cent étalons et de nombreuses poulinières. Les écuries, les paddoks y sont tenus avec le plus grand soin, même avec luxe.

Le duché de Mecklembourg-Gustrow est celui qui contient le plus de haras particuliers. On cite ceux de Basedow, d'Ivenac, de Somersdorf, de Wold, et une foule d'autres, tous riches en éléments d'amélioration.

Le Mecklembourg-Strelitz compte les haras d'Ihlenfeld, de Breidereich, fondés sur le pur sang et donnant d'excellents produits. Les hippodromes du Mecklembourg sont à Wismar, Gustrow, Neu-Strelitz, etc.

## LXII

### LA PRUSSE

En 1230, Conrad, duc palatin de Mazovie, en Pologne, fit don, aux chevaliers de l'ordre Teutonique, de la province de Prusse, au bord de la Baltique, à la condition de la conquérir contre ses habitants, qui suivaient encore le culte d'Odin, et se montraient rebelles aux lois de leur suzerain. Le pape ratifia la donation, et le roi saint Louis envoya des missionnaires. La conquête et la conversion s'opérèrent, et ce fut en l'honneur du roi de France que Conrad bâtit la ville de Kœnigsberg (la montagne du Roi).

Si les chevaliers de Saint-Jean-de-Jérusalem et ceux du Temple furent marins et combattirent sur mer, les chevaliers Teutoniques, au contraire, étaient cavaliers. Leurs exploits se firent, non sur la Méditerranée, dont ils se trouvèrent séparés, après les croisades, mais sur les rivages de la Baltique, où ils conquirent non seulement la Prusse, mais la Courlande et la Livonie.

Les chevaux qu'ils trouvèrent en Prusse étaient petits, comme tous les chevaux amenés de Scythie avant ou avec les migrations d'Odin, venues d'Orient en Occident, vers le nord de l'Europe.

Ne pouvant se contenter de ces petits chevaux qui étaient durs à la fatigue, mais qui ne pouvaient convenir à des hommes d'armes pesamment équipés, ils en recherchèrent de plus grands, et, dans ce but, ils firent venir des étalons et des juments de la Frise, du rivage hanovrien et du Holstein. La race s'améliora ainsi, sous l'ordre Teutonique, jusqu'à l'apostasie du grand maître Albert de Brandebourg, qui, en 1525, embrassa la réforme de Luther, sécularisa les domaines de l'ordre, dans la Prusse, et s'en déclara duc héréditaire, situation qui se prolongea jusqu'en 1700, époque où son descendant, Frédéric III de Brandebourg, se fit proclamer roi de Prusse.

Lorsque, en 1730, le roi Frédéric-Guillaume Ier, père du grand Frédéric, songea à s'occuper d'améliorer les races chevalines, il trouva le terrain préparé par les chevaliers Teutoniques. Pour continuer leur œuvre, il fit défricher une vaste étendue de terres incultes et de forêts, dans la Prusse orientale, entre Kœnigsberg et Gumbinen, non loin de la frontière de Russie, et y fonda le haras de Trakehnen.

Dès 1732, le haras, établi sur une vaste échelle, contenait un millier de têtes, dont cinq cent treize juments. On continua l'élevage de la race conservée depuis le temps de l'ordre Teutonique, et l'on y ajouta quelques étalons de races étrangères, qui ne furent pas tous d'heureux choix; on compta, cependant, parmi eux, des orientaux. L'élevage se fit un peu au hasard et sans principes bien posés. On visait surtout à produire des chevaux pour le service de la cour. On y ajouta une production de mulets à laquelle on destinait les plus fortes poulinières. On eut aussi, pendant un certain temps, le goût des robes mélangées et bizarres.

En 1780, le grand Frédéric, songeant à réparer sérieusement les pertes qu'avait subies la population chevaline de son royaume à la suite des guerres qu'il avait soutenues, mit à la tête des haras le comte de Lindenau, qui révéla son habileté par la réorganisation de Trakehnen et la création du haras de Lithuanie.

Sous son administration éclairée, une réforme radicale fut introduite. Tous les étalons douteux furent écartés aussi bien que les poulinières défectueuses; et on appela, pour les remplacer, des produits de sang oriental et anglais.

L'élevage ne fut plus restreint à remonter les écuries de la cour; on songea à généraliser l'amélioration, à la fois en vue de l'armée et du commerce, et à doter l'élevage du pays de bons reproducteurs.

Au haras de Trakehnen et à celui de Lithuanie, le roi Frédéric-Guillaume III ajouta, en 1790, le haras de Neustadt, dans la Marche de Brandebourg, à vingt lieues au nord de Berlin.

L'édit qui le créa, dans le moment où la France abolissait ses haras, fut motivé, comme ceux de Louis XIII et de Louis XIV, sur la nécessité de trouver dans le pays les chevaux de l'armée, et d'éviter de verser à l'étranger les capitaux nécessaires à leur acquisition.

Le succès des trois haras prussiens avait donné à la production une salutaire impulsion, lorsque l'invasion française de 1806 vint tout compromettre. Nombre d'étalons et de poulinières furent envoyés en Russie et n'en purent revenir, attendu la durée de la guerre et de l'occupation; d'autres furent emmenés en France, entre autres le fameux *Néron*, trouvé caché sous une meule de bois. Il fut sans doute considéré comme un animal très précieux, si on le juge d'après le soin qu'on avait mis à le soustraire, et d'après l'ovation qui lui fut faite au quartier général impérial d'Ostérode, où il fut présenté. Carle Vernet fut chargé de faire son portrait, qui fut multiplié à l'infini par la gravure. L'image nous montre un cheval à encolure et à croupe courtes, à tête mal attachée et à jambes de cerf. L'admiration dont il a été l'objet prouve que les races laissaient beaucoup à désirer en France, aussi bien qu'en Prusse.

A partir de 1814, la Prusse se releva courageusement de ses malheurs. Elle reçut un agrandissement de territoire qui la dota des haras de Graditz et de Wessra, en Hesse et en Silésie. Le comte de Burgsdorf, qui eut la direction générale des haras de Prusse, de 1814 à 1845, signala son administration par d'importantes améliorations. Il fit acheter des étalons de pur sang anglais et de pur sang arabe. Il avait une prédilection pour ce dernier, qui paraissait plus en harmonie avec les conditions nutritives du pays. Cependant, il ne négligea pas le sang anglais, et c'est avec celui-ci qu'il créa une production de bons carrossiers et d'excellents étalons à répandre dans les provinces.

Sous la direction de M. de Schmitchow, de 1847 à 1864, le sang anglais fut l'objet d'une faveur nouvelle. Ce directeur s'efforça de donner plus de taille et d'étoffe aux élégantes poulinières de Trakehnen, et il y réussit par de judicieux accouplements et une alimentation plus abondante. En 1850, il essaya de donner à la race plus d'ampleur encore par les puissants chevaux du Yorkshire; mais cette tentative ne fut pas heureuse, parce que, apparemment, la faculté nutritive du pays et son climat ne répondirent pas au but demandé, et il fut reconnu que l'introduction d'étalons aussi lourds que ceux du Suffolk, du Cleveland, du Yorkshire et du Perche n'offrait que déception sur les terrains légers de la Prusse.

Trakehnen prouve la grande influence qu'un haras, dirigé dans une bonne voie, peut exercer sur toute la production d'un pays. Aujourd'hui, il n'existe plus à Trakehnen une seule jument de pur sang anglais, attendu qu'elles ont été transférées à Graditz, où se trouvent rassemblées toutes les juments de pur sang appartenant à l'État.

En résumé, l'action combinée du sang anglais et du sang arabe a produit d'heureux résultats sur le sol de la Prusse, qui ne peut donner lieu à autant de développement que celui de l'Angleterre ou du Holstein, ni à autant de condensation nerveuse que celui de l'Arabie ; mais il a produit un moyen terme où l'élégance et la distinction forment les principaux traits de la race améliorée.

C'est dans la Prusse orientale, en Lithuanie, dans le Brandebourg et en Poméranie surtout, que la production s'est développée avec le plus d'avantage.

Les populations agricoles se sont mises en harmonie avec les haras de l'État ; elles savent faire travailler modérément et avec douceur les poulinières et les élèves; elles ne sentent pas le besoin de ces gros chevaux de trait, voués à de lourds véhicules, ni de ces piètres animaux dont se contenterait une agriculture arriérée pour tirer sa charrue.

La production se partage entre de riches propriétaires ayant des haras, ou du moins de nombreuses jumenteries, desservies par les étalons de l'État, et de simples fermiers de domaines privés.

Dans tous les cas, le service de l'étalon est offert à bon marché, soit par l'État, soit par les particuliers.

La Prusse, qui n'avait pu compléter sa cavalerie sur son territoire, avant la guerre de 1806, et qui, à partir de 1815, a lutté pendant dix ans pour arriver à ce but, se trouva, bientôt après, en mesure, non seulement de fournir à son armée et à sa consommation civile, mais encore d'exporter des milliers de chevaux pour les remontes étrangères. L'élève des chevaux de luxe a suivi la même progression; elle s'est accrue au point de devenir une branche considérable de commerce vers la France, l'Italie et d'autres pays.

## LXIII

### WURTEMBERG

Les haras du Wurtemberg remontent à l'année 1685, c'est-à-dire au temps où Colbert instituait ceux de la France. Les guerres en ont souvent interrompu la prospérité ; mais, depuis la paix de 1814, l'élan a repris et s'est soutenu.

Le sang oriental et le sang anglais y fonctionnent à la fois. Des juments du Mecklembourg ont surtout composé la souche des poulinières. La production est arrivée à un état prospère, au point de vue surtout des remontes de la cavalerie. Poulains et pouliches travaillent à l'agriculture et aux transports, mais avec ménagement, et attelés à des véhicules légers. La maison du roi et le luxe du pays sont montés en produits indigènes ; les écuries du roi sont magnifiquement approvisionnées. Le haras de Marbach, à 16 kilomètres de Stuttgard, est l'élément propulseur de cette production.

## LXIV

### AUTRICHE-HONGRIE

Pour apprécier la situation chevaline de l'Autriche-Hongrie, il n'est pas inutile de se rappeler la maxime de Lullin de Châteauvieux, — que la charrue, quand elle prend trop d'extension, fait échec à la production chevaline, et que réciproquement, en son absence, la production semble, en quelque sorte, spontanée.

Certes, l'Autriche connaît le bienfait d'une culture avancée, et la Hongrie compte des vignobles classés parmi les plus renommés. Mais il est des provinces éloignées, dans l'un et l'autre royaume, où le peu de densité de la population soustrait la terre aux travaux manuels assidus, et ne permet l'exploitation qu'en prairies, en pâturages ou en forêts.

En France, en Angleterre, les terrains incultes accusent un sol maigre, où ne pousse que la bruyère, et où ne peuvent se nourrir que des chevaux, des bœufs, des moutons de petite taille. Il n'en est pas ainsi en Hongrie, où de vastes surfaces sont vouées à la prairie, où cette prairie souvent est fertile et suffit à elle seule pour produire le cheval, le bœuf et le mouton en de bonnes conditions moyennes.

Toutes les terres incultes, lors même qu'elles offrent de bons pâturages, ne peuvent faire le cheval complet, ayant taille, volume et formes harmonisées. Le cheval, tel que le réclame le service de la civilisation, doit être aidé dans le développement de ses facultés par l'auxiliaire de l'agriculture qui, seule, peut lui offrir le supplément de nourriture dont il a besoin, pendant le chômage des saisons, et les aliments toniques qui doivent contribuer à sa perfection.

« Sans la Hongrie, dit Montendre, l'Autriche

n'aurait pu créer ses haras militaires, car ses autres États se trouvent dans des conditions beaucoup trop prospères, et, pour ceux-là, le système des dépôts d'étalons a été adopté. Il y a beaucoup de rapport avec celui que nous suivons en France ; la seule différence, c'est que l'organisation en est toute militaire sous le rapport du personnel. »

L'empire d'Autriche compte, en dehors de la Hongrie, trois haras de médiocre importance ; ce sont ceux de Némoschiltz en Bohême, d'Ossiack en Carinthie, de Biber en Styrie.

L'empereur d'Autriche possède, en outre, sur son fonds particulier, le haras de Lipiça, près de Trieste. Ce haras est destiné à la remonte des écuries impériales ; et celles-ci sont admirablement pourvues de chevaux appropriés aux services divers de l'attelage, de la selle et de la chasse. C'est dire qu'il y est procédé par un élevage choisi de chevaux de sang anglais, de sang arabe et des deux combinés. Lipiça a aussi la spécialité d'élever des chevaux de montagne, en les perfectionnant par des croisements judicieux, et de produire des étalons utiles aux régions montagneuses des deux pays.

## LXV

### HARAS DE MÉZOHÉGYÈS

Parmi les haras de la Hongrie, il convient de mentionner d'abord celui de Mézohégyès, qui est le plus ancien et le plus considérable. Son territoire est de 16,000 hectares, et sa population chevaline de mille quatre cents têtes. Il est situé près d'Arab, sur les bords de la Maros, affluent du Danube. Ce haras fut, pendant longtemps, loué par l'État à des fermiers, moyennant une redevance en chevaux de cavalerie légère. L'empereur Joseph II lui a donné un caractère officiel et militaire, en 1785. Il a fait reconstruire les bâtiments et a composé l'administration avec des officiers tirés de l'armée. Le but de ce haras, comme celui de tous les autres dans les pays allemands, est de fournir directement des chevaux aux diverses armes de la cavalerie et, en outre, de propager au loin l'amélioration de la population chevaline.

En conséquence du premier objet, le haras de Mézohégyès a été fondé avec des juments choisies, dans les régiments, parmi celles qui avaient le mieux soutenu les épreuves du régime militaire, surtout en temps de guerre. Ces juments étaient de toutes provenances : hongroises, transylvaines, bessarabiennes, polonaises, mecklembourgeoises. Souvent, aussi, elles faisaient partie du butin pris à l'ennemi. C'était leur mérite éprouvé ou présumé que l'on cherchait, non un sang déterminé. Ces poulinières ont été accouplées, selon l'occasion, à des étalons orientaux, espagnols, mecklembourgeois, anglais et normands. On a toujours recherché les juments qui se distinguaient, moins par la pureté du sang que par leurs qualités supérieures, apparentes ou prouvées. Ce point de départ, suivi par des croisements confus, a produit une souche qui a fini par se diviser en plusieurs branches distinctes. C'est ainsi qu'à Mézohégyès se sont formés cinq types caractérisés, savoir : 1° la race des « Gidrans, » avec quatre-vingts juments poulinières; 2° et 3° la petite et la grande race des « Nonius, » chacune de cent juments poulinières; 4° celle des demi-sang anglais, comprenant quatre-vingts poulinières; 5° enfin celle des chevaux de trait, tirés du Norfolk, comptant cinquante juments poulinières.

La race des « Gidrans » peut être nommée anglo-arabe. Elle a été fondée par les descendants d'un étalon arabe de pur sang, nommé *Gidran*, qui fut placé à Babolna en 1818. On a employé beaucoup de chevaux arabes pour former cette race; mais, au bout d'un certain temps, on a senti l'utilité de la croiser avec des chevaux anglais de pur sang, dont l'intervention a produit le plus heureux effet. Cette race a, par conséquent, acquis un caractère anglo-arabe. On a envoyé à l'Exposition universelle de Paris, de 1878, un étalon de cette famille, descendant à la onzième génération du premier *Gidran*.

Les deux souches de « Nonius » remontent à un étalon normand de ce nom, qui fut ramené, comme butin, du haras de Rosières, en 1815. Les plus fortes juments de Mézohégyès ont été couvertes par *Nonius* et ses descendants, de sorte qu'il s'est formé une souche particulière, nommée « Nonius, » dont le type est principalement normand. Elle s'est divisée en deux souches, dont l'une, la plus petite, mesure habituellement 1$^m$,58, et la plus grande 1$^m$,72. Elles ont toutes deux la même origine; mais elles ont reçu un peu de croisement anglais; ce qui, avec l'influence du sol, a contribué à rendre ces chevaux un peu plus légers que les anciens normands. L'Exposition universelle de 1878 a reçu *Nonius XVI*, étalon né en 1871, issu, sans croisement aucun, de la souche primitive.

On élève encore à Mézohégyès une famille de demi-sang anglais, issue de *Furioso* et de *Nordstar*, et aussi un groupe de chevaux de trait, constituant une collection plutôt qu'une souche, car il est formé par des juments diverses, mais fortes, que l'on fait croiser par des étalons du Norfolk.

## LXVI

### HARAS DE BABOLNA

Ce haras est situé dans le comitat de Comorn; son étendue est de 4,000 hectares; l'effectif de ses chevaux est de quatre cent cinquante. Il a été fondé en 1789, avec des juments d'origine dite orientale, telles que juments hongroises, transylvaines et bessarabiennes qui ont été couvertes, dès l'origine, par des étalons orientaux. Mais, depuis 1816, on n'y élève que des chevaux arabes de pur sang et de demi-sang. Dans ce but, on a fait venir nombre d'étalons arabes.

L'objet de ce haras est d'entretenir une souche orientale qui se trouve doublement en rapport avec les races locales, elles-mêmes venues d'Orient, et avec le sol et le climat, plus favorables aux chevaux légers qu'aux grands chevaux d'attelage ou de trait.

## LXVII

### HARAS DE KISBER

Le haras de Kisber est comme celui de Babolna, situé dans le comitat de Comorn, entre Vienne et

Buda-Pest. Son étendue est de 6.330 hectares ; le nombre de ses chevaux est de quatre cent trente. Il n'a été fondé qu'en 1854 ; on y élève exclusivement le pur sang anglais et le demi-sang.

Parmi les étalons fondateurs de ce haras, on doit citer *Cambusca, Ostreger, Bois-Roussel* et surtout *Buccaneer*, un héros du turf anglais, père de *Kisber*, le vainqueur du grand prix de Paris, en 1876.

## LXVIII

### HARAS DE FOGARAS

Ce haras est situé au pied des Carpathes de Transylvanie, non loin de Hermanstadt. Il a été fondé en 1874 pour améliorer la race des contrées montagneuses de ce pays. On a choisi, dans ce but, un terrain de 3,600 hectares sur un domaine de l'État, où les ruisseaux et les bons pâturages, au pied des Alpes transylvaines, hautes de 3,000 mètres, offrent le plus de chance à l'élevage de robustes chevaux dans les montagnes. Il a été formé avec des étalons et poulinières empruntés, pour la plupart, au haras impérial de Lipiça. Le but est de favoriser l'élevage indigène, sans trop viser au sang anglais ou oriental. L'avenir dira le succès.

## LXIX

### HARAS DE RADAUTZ

Le haras de Radautz, dans la Bukowine, pays presque désert, confinant à la Moldavie et à la Transylvanie, est d'une immense étendue; car les terres de ce haras, d'après le calcul qui en a été fait, contiennent vingt milles carrés d'Allemagne.

Il a fallu augmenter la population de ce pays désert par des colonies allemandes. Dix-sept villages sont aujourd'hui disséminés sur cette vaste surface et représentent une population de dix-sept mille habitants.

L'administration du haras ne peut régir directement les chevaux sur une telle étendue. Elle a sous sa main un haras améliorateur; puis des troupeaux de chevaux sauvages occupent le reste du territoire, concurremment avec des milliers de bœufs et de moutons, mais reçoivent une amélioration progressive par le bénéfice du haras pépinière.

Outre les haras, le gouvernement entretient en Hongrie cinq dépôts d'étalons, fonctionnant à la manière de ceux de France et formant, avec les haras, un effectif de mille quatre cents étalons.

## LXX

### HARAS PARTICULIERS

Nombre de seigneurs hongrois possèdent des haras d'une grande importance. On cite celui des comtes Carolii comme ayant été le plus considérable de tous. Le haras des barons de Fechtig et celui des comtes Huniadi sont particulièrement renommés pour leurs familles arabes; ceux, au contraire, des princes Esterhazy, Széchény et Carolii, ont été surtout composés de chevaux venus d'Angleterre, étalons et juments de pur et de demi-sang. Ils ont obtenu du succès sur les hippodromes de l'Autriche-Hongrie et autres pays.

Mais, dans l'Autriche-Hongrie, le sang arabe, et surtout le sang anglo-arabe, ont généralement mieux réussi que le sang anglais. Cela tient à des conditions de sol et de climat, produisant des effets plus rapprochés de ceux de la Navarre et du Limousin que du Cotentin. Le produit arabe y prend de la taille et du développement; il y atteint 55 centimètres et plus, sans déperdition notable de sa riche nature, tandis que le produit anglais s'y amincit et s'y affaiblit, comme il fait en Limousin et à Tarbes, et il le ferait bien davantage s'il était ramené dans le Nedjed ou le

Sahara, ses patries d'origine. Le sang anglo-arabe est ce qui réussit le mieux en Hongrie.

Le succès est plus facile et plus général en Hongrie qu'en Limousin, parce que la charrue n'y dispute pas autant le sol à la prairie.

Les haras militaires de l'Autriche-Hongrie et ses haras particuliers ne ressemblent point aux nôtres, et nous ne pouvons rien créer qui leur ressemble. Placés sur un sol favorable où la prairie l'emporte de beaucoup sur la terre cultivée, au milieu d'une population toute cavalière et peu compacte, leur tâche est facile autant qu'elle est immense, et elle s'accomplit sans lutter contre de grandes résistances.

Le maréchal duc de Raguse nous a fait connaître, le premier, les haras militaires de la Hongrie ; il fut ébloui de leur splendide organisation, de l'abondance et de la richesse de leurs produits, et il exprima le regret de n'en pas voir de pareils établis dans notre France. Mais les conditions de l'un et de l'autre pays sont bien différentes. La densité de la population et le morcellement du sol, qui en est la suite, ne nous permettent pas de rassembler les terrains nécessaires à de si grandes entreprises. Il serait impossible d'y réunir des milliers d'hectares en bonne terre, et il serait désastreux de travailler sur un mauvais sol. Nos mœurs agricoles sont à la charrue plus qu'à la prairie. La charrue tient à faire le cheval qui lui compète, plus que celui de la cavalerie ou du luxe. Le gouvernement, pour assurer les remontes de son armée, est obligé de disputer pied à pied la production du cheval dont il a besoin. Il faut qu'il fasse mille avances à ceux des cultivateurs qui consentent à élever ce cheval sur leurs prairies. Il doit leur fournir le service d'étalons spéciaux, distribuer des primes pour exciter leur zèle et leur émulation, enfin s'assurer que le cheval acheté par ses officiers est de production française. Sinon, les prairies de la Hongrie et les steppes de la mer Noire sont assez féconds pour monter notre cavalerie en temps de paix, sauf à la laisser à pied pendant la guerre.

L'Exposition universelle de 1878 a mis dans un relief avantageux la production chevaline de la Hongrie ; elle a fait remarquer l'aptitude de ce pays à produire le cheval léger, issu d'arabe ou de croisement arabe, plutôt que de prétendre à des chevaux plus forts, issus de l'anglais, du normand ou du norfolk. En un mot, sa spécialité, c'est le cheval de guerre, soit pour l'officier général, soit pour le simple cavalier.

« La Hongrie, qui a fourni à notre armée un grand nombre de produits, dit le comte de Montigny, a figuré dignement au sein de la réunion internationale de 1878. Les jeunes étalons arabes et de demi-sang, les poulinières et un échantillon de chevaux de troupe ont été très favorablement jugés ; ils ont donné une idée parfaite de la production du cheval en Hongrie, en vue de la remonte d'une brillante cavalerie. Là, comme partout où l'on fait usage de l'arabe pour principe régénérateur, lorsqu'on n'obtient pas toujours le cheval de luxe, on est sûr, tout au moins, d'avoir le bon cheval d'armes. Heureuse la nation qui peut, à peu de frais, faire naître le plus grand nombre de ces animaux précieux, et assurer ainsi en tout temps la remonte de sa cavalerie [1]. »

## LXXI

### LA RUSSIE

La Russie est, comme la Hongrie, un pays où l'espèce chevaline se développe en liberté, sans trop craindre l'envahissement de la charrue, mais aussi sans recevoir beaucoup de secours de l'agriculture.

Dans un aussi vaste empire, les races de chevaux offrent nécessairement de nombreuses variétés et des aspects fort divers.

La Grande-Russie ou Moscovie, qui est le noyau

---

1. *France chevaline*, 11 septembre 1878.

condensé autour de Moscou, sinon le centre géodésique de l'immense empire, nous présente d'abord une race digne d'attention, par ses qualités. La conformation de ces chevaux est loin d'être parfaite. Ils sont de taille moyenne, ont la tête un peu forte, le front plat, l'encolure courte et large, le poitrail également large, la croupe très forte, les jambes osseuses sans pourtant être très grosses, mais très garnies de poils ; le sabot plutôt plat que haut ; la queue et la crinière sont d'une ampleur telle que cette dernière descend souvent au-dessous du genou. Ce portrait, donné par Montendre et confirmé par divers voyageurs, ressemble à celui d'un breton du Finistère ou des Côtes-du-Nord. « Si le cheval moscovite n'est pas beau, poursuit notre auteur, — au moins faut-il convenir que beaucoup de qualités le distinguent. Il est du caractère le plus doux, très sobre, plein d'intelligence et, pour ainsi dire, infatigable. Toutes les personnes qui ont voyagé en Russie peuvent l'attester. Un conducteur ou postillon russe attelle d'ordinaire trois ou quatre chevaux de front, qu'il dirige de son siège ; il descend de cette manière les côtes les plus rapides, n'arrête ses chevaux qu'en leur parlant ; il ne se sert jamais du fouet ; et, même pour gravir une côte, il les anime à tel point de la voix que, sans autre excitation, ils emportent l'équipage dans une allure de course, et périraient plutôt que de renoncer. Faire 12 ou 15 kilomètres à l'heure est aller fort lentement en Russie. Certaines tribus bretonnes justifiaient jadis d'un semblable service à la malle-poste. »

La race de ces chevaux ne convient pas à la selle, aussi ne sert-elle que rarement à la remonte de la cavalerie. Sa large poitrine, sa croupe, ses os volumineux la rendent beaucoup plus propre au trait; aussi n'est-ce guère qu'à cet usage qu'on l'emploie. On a vu, à l'Exposition universelle de 1867, un cheval alezan de ce genre.

Telle est la production indigène et populaire de la Moscovie proprement dite. Mais la production faite sur les domaines impériaux et sur ceux des riches seigneurs est tout autre.

L'empereur et les seigneurs russes ont établi divers haras en vue de produire des chevaux d'ordre supérieur. On en a vu d'intéressants spécimens à l'Exposition universelle de 1878.

« La Russie, qui s'est associée si brillamment à notre œuvre internationale, dit M. de Montigny, a voulu nous donner, sur le terrain équestre, une idée de l'élevage si riche et si varié de son immense territoire. Et pourtant les chevaux russes, qui ont occupé dignement leur place à l'Exposition, ne pouvaient nous donner une idée juste de la production nationale de ce vaste empire, qui possède de si incomparables éléments de production.

S. A. I. le grand-duc Nicolas, éleveur fort remarquable et en grand renom, nous avait envoyé des étalons et des juments représentant véritablement ce matériel d'élite qu'il possède, et qui aurait été de nature à rectifier les idées qu'on peut se faire de l'élevage de l'empire, par les individualités qui arrivent en France.

« M. Mazourine, ce grand et riche éleveur qui, depuis quelques années, cherche à mettre en faveur les chevaux de son pays sur les hippodromes et nous a amené quelques animaux fort remarquables, a voulu donner à l'Exposition une bonne idée de l'élevage russe quant à la race trotteuse d'Orloff. *Verny* et *Loubezny* ont assurément le fond et la vitesse. Ces animaux d'élite possèdent des qualités transmises, et la race Orloff est essentiellement trotteuse. Dans quelles limites et proportions les produits Orloff peuvent-ils, chez nous, concourir à l'amélioration et transmettre à leur descendance les qualités qui les distinguent et en font assurément le principal mérite? C'est ce qu'il n'est point permis de dire encore d'une manière précise et définitive. L'avenir et les faits surtout nous instruiront sur ce point délicat et réservé.

« Comme en Hongrie, et peut-être plus encore, le sang arabe ou oriental exerce la plus grande influence et la plus certaine amélioration sur les différents types de chevaux, en Russie. C'est à lui qu'ils doivent l'énergie, la résistance et le liant des mouvements. La Russie, dans les conditions actuelles de sa culture, et en raison de l'insuffisance des débouchés offerts à ses produits de toute nature, peut élever le cheval dans des conditions exceptionnellement économiques et en retirer encore des avantages relativement grands. Le cheval de commerce, en Russie, est moins demandé que le cheval hongrois. Les Russes conservent leurs chevaux entiers, laissant à l'acheteur toutes les chances de l'opération et d'un rétablissement plus ou moins long. Cependant, leurs chevaux sont d'un excellent emploi pour la cavalerie. Ils sont maniables, résistants et robustes. La Russie est la seule puissance qui ne soit pas tributaire des autres en ce qui concerne la remonte de sa cavalerie et qui, en temps de paix, puisse offrir aux nations amies d'abondantes ressources[1]. »

Pour terminer cet exposé, disons que le grand-duc Nicolas a obtenu le premier prix à l'Exposition universelle de 1878, pour son étalon de pur sang arabe *Rousktouk*.

Les haras, en Russie, ont été établis par colonies militaires, composées chacune d'un régiment de cavalerie. L'État a fourni les terres et les constructions, puis les soldats ont travaillé le sol et

---

1. *La France chevaline*, 11 et 29 septembre 1878.

élevé les chevaux. Des étalons venus, les uns d'Orient, les autres d'Angleterre, ont été les régénérateurs des races indigènes.

L'objet de ces colonies est d'améliorer les races en général et de former en particulier les chevaux de cuirassiers qui sont demandés très grands, surtout pour la garde impériale. Ce genre de chevaux est spécial, et ils doivent être élevés avec un soin particulier, car les chevaux indigènes, s'ils sont innombrables et solides, sont généralement petits, comme tous les élèves de la nature.

Nombre de seigneurs russes ont aussi établi des haras sur leurs vastes domaines et ont produit non seulement des chevaux destinés à leur usage, mais des chevaux de commerce et de cavalerie, et ils ont propagé l'amélioration autour d'eux.

Dans l'Ukraine et la petite Russie, les riches boyards ont des haras où ils rassemblent les meilleurs étalons et poulinières qu'ils puissent se procurer. Ils logent et nourrissent convenablement ces animaux, élèvent avec soin leurs produits et obtiennent de fort beaux et bons chevaux.

La Livonie et l'Esthonie produisent de vigoureux poneys, au corps râblé, aux jambes fines, et capables d'un bon service de vitesse, d'haleine et de force.

A Archangel, les poneys sont plus petits encore, également rustiques et d'un bon usage.

Le gouvernement de Viatka contient une race de chevaux d'une conformation naturellement élégante, fournissant d'excellents trotteurs, recherchés pour l'armée et pour le commerce.

Les Kalmouks, les Baskirs, les Tartares Nogais, les Cosaques possèdent des hordes innombrables de chevaux, paissant sur les steppes. Ils sont de taille suffisante pour remonter la cavalerie légère de Russie.

Montendre dit que les chevaux des Kirghis sont fort laids, avec les ganaches lourdes et autres défauts. Cela peut être sur certaines localités, mais le pays des Kirghis, qui comprend à peu près tout le Turkestan, est immense, entre la mer Caspienne et la frontière de la Chine. La contrée, dite des Sept-Fleuves, formée par les affluents de l'Amou-Daria, l'ancien Oxus, qui se jette dans la mer d'Aral, est merveilleusement arrosée et couverte d'une magnifique végétation. Un officier supérieur de l'armée russe fait un tableau avantageux du district des Sept-Fleuves et de celui de Kuldscha, qu'il représente comme une oasis considérable dans le steppe du Kurdistan. Toute la vallée de la rivière Illis est riche en eau; cette eau circule en mille canaux dont la construction et l'élégance étonnent un Européen. Toute la vallée renferme des villages avec des jardins charmants, produisant une quantité considérable de légumes et de fruits. Ce pays privilégié de la vallée des Sept-Fleuves, au pied des monts Pamir ou Bélour, sur la frontière russo-chinoise, est appelé par les Orientaux le « sommet du monde, » et c'est lui que la tradition orientale indique comme ayant droit au titre de « Berceau du monde » et du Paradis terrestre. C'est de là que le cheval paraît originaire aussi bien que l'homme, selon la tradition orientale[1].

Le cheval Kirghis, dans la Kuldsha, est plus grand et plus beau que celui des steppes. Dans cette contrée, la race *Torgant* est à recommander de préférence ; ce cheval diffère du Kirghis ordinaire en ce qu'il est d'une construction régulière et bien développée. Les bons soins y ont contribué. La taille de ces chevaux est élevée et svelte ; il n'est pas rare d'en rencontrer de 1$^m$,64 parfaitement bâtis. On trouve souvent parmi eux des « coureurs remarquables par leur grande vitesse ; en somme, dit notre officier russe, le cheval Kirghis est l'idéal du cheval de guerre et, eu égard à leur quantité, ces animaux pourraient remonter les armées du monde entier[2]. »

---

1. La vallée des Sept-Fleuves et le district de Kuldsha, appartenaient précédemment à la Chine, et ont été cédés à la Russie. C'est ce qui explique leur aspect civilisé et les ingénieux travaux dont ils ont été l'objet.

2. *Sport illustré*, de Vienne, reproduit par le *Journal des Haras*, mai et juin 1878. Depuis que cet article est écrit, les vallées de Kuldscha et de l'Illis ont été rétrocédées, par la Russie, à la Chine.

## LXXII

### LA CRIMÉE ET L'UKRAINE

Il ne sera peut-être pas sans intérêt de revenir en arrière de deux siècles, pour dire un mot des Tartares de l'Ukraine et de la Crimée, deux pays qui, à cette époque, appartenaient, le premier à la Pologne, et l'autre à la Turquie.

« Les Tartares « du Crime » (de la Crimée), dit le chevalier de Beauplan[1], sont fort adroits et vaillants à cheval, mais sont mal affourchés pour avoir les jambes toutes pliées, fort court. Ils sont assis à cheval comme serait un singe affourché sur une levrette; mais, néanmoins, ils sont fort agiles à cheval et ont une telle adresse que, en cheminant au grand trot, ils sautent de dessus leur cheval, lorsqu'il est hors d'haleine, sur un autre qu'ils mènent à la main, pour mieux fuir lorsqu'ils sont poursuivis; et le cheval, qui ne sent pas son maître sur lui, vient aussitôt prendre la main droite de son maître et le suit toujours en rang pour être mieux disposé lorsqu'il le voudra remonter. Voilà

---

1. *Description de l'Ukraine*, par le chevalier de Beauplan, Rouen, 1668, petit in-4°. Une nouvelle édition a été publiée par le prince Augustin Galitzin, chez Techener, 1861, 1 vol. in-18.

comme ces chevaux sont instruits à servir leurs maîtres ; au reste, c'est une certaine sorte de chevaux mal faits et laids, mais bons au possible pour la fatigue ; car, pour faire des courses de vingt à trente lieues d'une traite, il n'appartient qu'à ces baquemates (ainsi appellent-ils ces sortes de chevaux), qui ont le crin fort touffu et pendant jusqu'à terre, et celui de la queue traîne par derrière.

« Leur nourriture, pour la plupart du commun, même ceux qui sont ambulatoires (nomades), n'est point de pain. La chair de cheval leur est plus appétissante que celle de bœuf, de brebis ou de bouc (bélier), car pour des moutons ils ne savent pas ce que c'est ; et encore, lorsqu'ils égorgent un cheval, il faut qu'il soit fort malade et qu'il soit hors d'espérance de servir ; et même lorsque le cheval se mourrait de soi-même de quelque maladie que ce fût, ils ne laisseraient pas pour cela de le manger, car il faut croire que ces peuples ne sont pas des plus délicats ; et même ceux qui vont à la guerre vivent de la même sorte et s'associent dix ensemble, et lorsqu'il se trouve un cheval parmi eux qui ne peut plus marcher, ils l'égorgent, et, s'ils trouvent de la farine, ils la mêlent avec le sang, et mangent cela par grande délicatesse. Pour la chair, ils l'apprêtent ainsi : ils la séparent par quartiers et prêtent trois de ces quartiers à leurs camarades qui n'en ont point, et ne retiennent pour eux qu'un quartier de derrière, lequel ils coupent par rouelles les plus grandes qu'ils peuvent à l'endroit le plus charnu, et épais seulement d'un à deux pouces; ils les mettent sur le dos de leurs chevaux qu'ils sellent dessus, sanglent le plus fort qu'ils peuvent, puis montent à cheval, courent deux ou trois heures, puis descendent, dessellent le cheval, puis retournent leur rouelle de chair, et, avec le doigt, recueillent l'écume du cheval et en arrosent ce mets de peur qu'il ne se dessèche trop. Cela fait, ils ressellent le cheval et le resanglent bien fort, comme devant, courent de nouveau deux ou trois heures, et alors la chair est cuite à leur gré, comme si c'était une étuvée : et voilà leurs délices et leurs ragoûts.

« Disons maintenant comment ils entrent dans le pays ennemi pour le piller et le brûler et amener les peuples esclaves.

« Le Khan, qui est leur roi, ayant commandement du Grand Seigneur d'entrer dans la Pologne, fait toutes sortes de diligences pour avoir ses troupes prêtes, c'est-à-dire une armée de quatre-vingt mille hommes, lorsque lui-même y est en personne; car autrement les armées ne sont d'ordinaire que de quarante à cinquante mille hommes, lors ce n'est qu'un moza (gentilhomme) qui les mène et commande. Leur entrée dans le pays ennemi n'est d'ordinaire qu'au commencement de janvier et toujours en saison d'hiver, afin de ne trouver aucun obstacle en chemin et que les marais et rivières ne les puissent empêcher d'avancer. Il est à noter pour le lecteur que, encore que « le Crime » soit entre les 46$^e$ et 47$^e$ degrés, néanmoins les campagnes désertes qui sont au nord de ce pays sont toutes couvertes de neige jusqu'en mars. C'est ce qui leur donne avantage et hardiesse d'entreprendre une si longue course à cause que leurs chevaux ne sont point ferrés, que la neige leur conserve le pied, ce qui ne serait pas si la terre n'en était couverte. Les plus riches d'entre eux ferrent leurs chevaux avec de la corne de bœuf, qu'ils cousent aux pieds avec du cuir; mais cela dure peu et se perd facilement. C'est pourquoi ils appréhendent fort un hiver qui n'est pas neigeux, comme aussi le verglas où les mieux ferrés de leurs chevaux ne laissent pas de glisser.

« Les Tartares cheminent cent chevaux de front, c'est-à-dire trois cents, car chaque tartare en mène deux en main qui lui sont pour relai, comme nous avons dit. Leur front peut bien avoir huit cents ou mille pas, et de profondeur ils sont bien de huit cents à mille chevaux qui tiendront plus de trois lieues, voire quatre de file, quand ils sont ainsi pressés, autrement ils filent une queue de plus de dix lieues. C'est une chose étonnante à qui ne l'a pas vue, car quatre vingt mille Tartares font plus que de deux cent mille chevaux; les arbres ne sont pas plus épais dans les bois que les chevaux ne le sont alors dans les campagnes.

« Une fois entrée en Pologne, l'armée se divise en bandes nombreuses pour opérer le pillage sur une vaste étendue à la fois ; ces bandes évitent avec soin la rencontre de corps armés ; au reste, l'expédition est menée avec tant de rapidité, qu'une armée ennemie n'a pas le temps de se rassembler et d'intervenir. Le pillage consiste à enlever toute la population valide, hommes, femmes et enfants, pour être emmenés en esclavage, et vendus à Constantinople. »

La Russie a bien mérité de l'humanité en s'emparant de la Crimée, et en forçant ces agiles bandits, soit à déserter les lieux, soit à s'y tenir tranquilles, en s'abstenant de pillage.

Notre auteur dit peu de choses des chevaux de l'Ukraine. « En ce pays se trouvent des cerfs, biches, chevreuils qui vont par bandes, comme aussi des sangliers d'une monstrueuse hauteur, des chevaux sauvages qui vont par troupes de cinquante ou soixante et qui nous ont bien souvent donné l'alarme, car, de loin, nous les prenions pour des Tartares. Ces chevaux ne valent rien au travail ; les jeunes, étant apprivoisés, ne valent rien non plus au travail, mais seulement ils sont bons à manger. La chair en est fort délicate, plus tendre que celle du veau, mais à mon goût elle n'est pas si plaisante et est fade. Ces peuples, qui mangent du poivre, comme nous des pois, lui font perdre le caractère fade à force d'épiceries. Pour les vieux chevaux sauvages, comme ils ne se peuvent apprivoiser, ils ne sont bons qu'à porter à la boucherie, où leur chair se vend aussi bien que celle du bœuf ou du mouton. D'ailleurs ils ont les pieds gâtés, car la corne leur serre si fort les pieds, faute d'avoir été parés, qu'ils ne peuvent courir. On voit toutefois, chez les seigneurs du pays, des chiens et des chevaux « tarantes, » c'est-à-dire marquetés comme des léopards, qui sont beaux et agréables à voir ; ils les mettent à leur carrosse quand ils vont à la cour. »

Le baron de Tott, chargé, vers le milieu du siècle dernier, d'une mission chez les Tartares Nogais, au nord de la mer Noire, nous présente les mêmes hommes et les mêmes chevaux. Ceux-ci sont petits et laids, mais infatigables. Devenus vieux et incapables de marcher, ils servent de nourriture à leurs maîtres. Il nous raconte un repas de côtes fumées de cheval, sur la saveur desquelles tous les convives s'extasiaient, mais qu'il trouva détestables. Le lait de jument joue un grand rôle dans l'alimentation ; on le pétrit avec de la farine, ou bien on en tire une liqueur fermentée. Dans une campagne d'hiver, très rude, à laquelle il assista, tous les chevaux arabes moururent par suite de la rigueur du climat, mais les chevaux tartares résistèrent. « J'avais, dit-il, au nombre de mes chevaux une bête arabe, qui, bientôt épuisée, tomba mourante, après le passage du Bog. Des Nogais me supplièrent de leur en faire présent, alléguant que la chair du cheval blanc était la plus délicate. »

Non seulement le Nogais se nourrit de la chair du cheval et de son lait, mais il emploie la peau de cet animal pour se vêtir, et il sait l'ajuster à sa taille avec un talent vraiment digne d'être mentionné.

« Je m'approchai d'un groupe de Nogais, rassemblés autour d'un cheval mort qu'on venait de déshabiller et que l'on commençait à dépecer, continue le baron. Un jeune homme nu, d'environ dix-huit ans, reçut sur ses épaules la peau de cet animal. Une femme qui faisait, avec beaucoup de dextérité, l'office de tailleur, commença par couper le dos du nouvel habit, en suivant avec ses ciseaux le contour du cou, la chute des épaules, le demi-cercle qui joint la manche et le côté de l'habit, dont la longueur fut fixée au-dessus du genou. Il ne fut pas nécessaire de soutenir une étoffe que son humidité avait déjà rendue adhérente à la peau du jeune homme. La couturière procéda aussi lestement à fermer les deux devants croisés et les manches; après quoi le mannequin, qui servait de moule, donna, en s'accroupissant, la facilité de coudre les morceaux; de manière que, vêtu, en moins de deux heures, d'un bon habit bai-brun, il ne lui resta plus qu'à tanner ce cuir, par un exercice continu. Ce fut aussi son premier soin, et je le vis sauter lestement à poil sur un cheval pour aller joindre ses compagnons, occupés à rassembler les chevaux dont j'avais besoin pour continuer ma route et dont le nombre, fixé à quatre-vingts, n'était pas à beaucoup près complet. Cette chasse aux chevaux se faisait au moyen de nœuds coulants, fixés au bout de longues perches que tenaient en main nos cavaliers. Ceux-ci, lancés à fond de train, lançaient avec beaucoup de dextérité ce licol à la tête et au cou des fuyards qui, bientôt privés de respiration, étaient obligés de se constituer prisonniers et se laissaient ramener au camp, bon gré mal gré. »

## LXXIII

### LE TROTTEUR ORLOFF

Nous ne pouvons terminer ce qui concerne les chevaux de la Russie sans mentionner une race dont la création est un véritable titre de gloire pour son auteur. Vers la fin du siècle dernier, le comte Orloff Tschesmenskoï, possesseur d'un haras auquel il donnait tous ses soins, conçut la pensée de permettre au sang arabe d'étendre ses facultés énergiques sous un volume plus puissant que celui où se meuvent ses forces, dans le désert. Pour arriver à cette fin, il choisit pour poulinière la jument de la Frise, de cette race qui, développée dans les plantureux herbages des Pays-Bas, se distinguait entre toutes par l'harmonie de ses formes et par sa souplesse dans la puissance. Elle avait été recherchée des hommes d'armes du moyen âge, parce que, dit Newcastle, aucun destrier ne faisait plus briller un chevalier, et ne donnait plus d'avantage dans le combat à un guerrier de haute et forte taille. Aujourd'hui encore, le cheval de la Frise excelle entre tous à monter les cuirassiers; il se distingue par l'étendue et la mobilité de ses épaules, par la beauté de son trot relevé et allongé en de justes proportions.

C'est la poulinière de cette race que le comte Orloff adopta pour le moule dans lequel il voulait verser le sang arabe. Il possédait un magnifique étalon, provenant de l'une des familles les plus pures du désert. Cet étalon, nommé *Smêtanka*, fut allié à des poulinières choisies parmi les mieux conformées de la Frise. Les poulains qui sortirent de cette alliance répondirent à l'attente du comte, d'abord par l'harmonie de leurs formes et plus tard pour le dressage qu'on leur donna et le service qu'on leur demanda. Les épaules et les hanches frisonnes, animées par le sang arabe, ont fourni le trot le plus magnifique, le plus vite et le plus soutenu.

Le problème cherché étant résolu, le comte Orloff continua les générations *in and in*, en choisissant les meilleurs sujets, issus du premier croisement, pour les allier, soit à *Smêtanka* lui-même, soit à ses fils. Les soins de l'élevage, la gymnastique, toujours continuée et perfectionnée, ont augmenté progressivement la puissance des trotteurs et substitué de plus en plus un mouvement allongé aux mouvements répétés. Le comte Orloff a conservé le monopole de sa production pendant toute sa vie. Le haras n'a répandu ses produits au dehors qu'après lui. Mais le stock était acquis et bien dessiné; il a son stud-book. La race est confirmée et se maintient en chacun de ses individus auxquels les soins ne manquent pas.

« On apprécie aujourd'hui, dit le comte de Montigny, les moyens extraordinaires et les aptitudes des chevaux de la race Orloff. On a vu qu'ils associent, dans le développement de leurs moyens, les deux qualités désirables : vitesse et action. On a remonté aux causes, et on sait aujourd'hui que ces qualités sont dues à la persévérance dans une œuvre hippique bien conçue, à la sélection, à l'exercice, au développement constant des qualités acquises, et qu'ainsi on est arrivé à les rendre presque infailliblement héréditaires.

« Le trot vite est évidemment une allure acquise et à laquelle l'art imprime une nature spéciale, qui modifie, en quelque sorte, l'organisme et crée en lui une aptitude unique, excluant pour ainsi dire le galop.

« Le trotteur rapide et à grande extension, le trotteur héréditaire et appartenant à une race confirmée devient donc un type, et il se distingue à nos yeux du cheval vite au trot, qui doit uniquement cette qualité à un dur entraînement, secondé par un certain degré de sang. Or, le trotteur Orloff, doué par l'hérédité de ses facultés trotteuses, n'a pas besoin d'entraînement ni de condition ; il marche naturellement, comme la nature l'a fait, et n'est point l'œuvre de l'art et de la science du « Training. » Aussi conserve-t-il sa fraîcheur dans les mouvements qu'il « ne précipite et ne raccourcit jamais pour accélérer la vitesse. »

« Les Américains ont également créé des trotteurs qu'ils ont dérivés du sang anglais, et ils sont arrivés à un résultat analogue à celui obtenu par le prince russe.

« En France, le regretté marquis de Croix avait commencé à doter notre pays d'un progrès semblable ; il avait compris que la vitesse de l'hippodrome n'était pas le dernier mot de la question, qu'il lui fallait adjoindre la puissance de structure, le fond, la beauté, la souplesse et la longueur des mouvements. Il a poursuivi ce but pendant une partie de sa vie, et il était arrivé à créer une famille de trotteurs exceptionnels. Aux allures répétées, il substitua des allures longues et splendides. « Par lui, dit M. de Montigny, le trotteur ne fut pas une fin, mais un moyen de doter le pays de reproducteurs à qualités confirmées et transmissibles. Cet Orloff français, enlevé trop tôt à son pays, n'a pu achever son œuvre si laborieusement commencée, mais il a laissé après lui des idées plus saines et un sentiment de mouvement qu'il faut préférer et qui peut seul donner à notre production de luxe une valeur plus confirmée[1]. »

## LXXIV

### ÉPILOGUE

Pour conclure, le cheval fut, dès la plus haute antiquité historique, le compagnon et l'auxiliaire de l'homme. Il semble avoir été, comme son maître, originaire des plateaux de l'Asie, d'où il l'a suivi dans ses migrations.

L'histoire nous le présente pour la première fois

---

1. *France chevaline*, 13 mai 1877.

chez les Aryas, souche des peuples caucasiques ou de race blanche, qui habitaient les hautes vallées de l'Indus et celles de l'Oxus, présentant sur l'un et l'autre point cette « vallée des Sept-Fleuves » restée dans la traditon orientale comme le lieu où fut le Paradis terrestre.

Dans le même temps, le cheval était déjà engin de guerre chez les Touraniens, tige des Tartares, dès lors en guerre avec les Aryas.

Les Aryas ont emmené le cheval avec eux dans leurs migrations vers l'Asie Mineure, vers l'Europe centrale et méridionale; les Touraniens, dans leurs migrations, vers le nord de l'Europe. Les premières migrations aryennes l'ont conduit en Assyrie, d'où il a été emmené en Égypte par le Pharaon Thoutmès I$^{er}$, antérieurement à Moïse. Il fut répandu, avec les conquêtes de Thoutmès III, sur le littoral méditerranéen de l'Afrique.

La navigation phénicienne paraît l'avoir porté en Grèce, puisqu'il y est réputé sorti du trident de Neptune.

Il a peu prospéré dans l'Inde et la Chine, où il est resté chétif et où on lui a préféré le bœuf comme agent de locomotion. Il n'a pas pénétré dans l'Afrique noire et n'est parvenu en Amérique qu'à la suite des Européens.

Il a étendu, vers le Midi, sa branche la plus délicate et la plus parfaite. Il a colonisé la Néséa,

18.

la Médie, et, plus tard, il a bravé le climat de l'Arabie où, sur un sol de sable brûlé par le soleil, il a vu, avec le secours des soins dont il a été favorisé, son volume se condenser, ses formes s'harmoniser, son sang et son action nerveuse s'élever à une haute puissance. Il y est devenu le type le plus parfait de l'espèce. De ce trône mystérieux, il semble régner sur elle et lui présenter un élément générateur, toujours prêt à la rapprocher de la perfection.

Une autre branche s'étendit vers le Nord et vint s'implanter chez les peuples de race touranienne, scythe et tartare. Au lieu du sol énigmatique et du climat sublime de l'Arabie, elle trouva de vastes steppes, où des nations pastorales favorisèrent sa multiplication par les simples lois de la nature, à l'état sauvage ou demi-sauvage. La nature, en ces froides contrées, l'a doté de beaucoup de vitalité, mais l'a laissé petit, sec, nerveux, et elle s'est peu occupée de perfectionner ses formes. Ce petit cheval s'est avancé en Occident, par le nord de l'Europe, avec les migrations des Cimmériens, avec celle d'Odin et celles des Huns et des Hongrois, des Bulgares, des Awares. C'est avec lui, enfin, que, à une époque récente, les cosaques

Firent boire la Seine à leurs roussins vainqueurs.

Le cheval tartare des anciennes migrations a

prospéré dans les riches pâturages du Mecklembourg, du Danemark, de la Frise. Avec les siècles il y a grandi, s'est développé et transformé d'une manière heureuse.

Nous devons toutefois remarquer que, à l'âge préhistorique du Danemark, si ingénieusement rétabli par les savants scandinaves, en analysant les restes encore reconnaissables d'éléments comestibles qui se trouvent entassés sur divers points du rivage de la mer et nommés en danois « *Kiœkkens mœdding,* » c'est-à-dire fumier de cuisine, composés de débris de poissons, de mollusques, de crustacés et d'os d'animaux sauvages tels que cerfs, aurochs, rennes, renards, on n'a point reconnu d'ossements de cheval. Tous les instruments rencontrés parmi ces singulières antiquités sont en silex taillé ou éclaté ; aucun n'est en fer ni autre métal. C'était l'âge de pierre qui a existé dans toute l'Europe et dont on a constaté la trace même en Égypte. Le cheval et les autres animaux domestiques paraissent avoir été inconnus à l'âge de pierre. Furent-ils contemporains de l'âge de bronze qui suivit l'âge de pierre et précéda celui de fer ?...

Les Turcs, également de race touranienne ou tartare, ayant dirigé leur migration par le sud de la Caspienne et de la mer Noire, ont croisé leurs chevaux avec ceux de Cappadoce, de Syrie, d'Arabie, et par ce moyen ont transformé leur race chevaline, en même temps qu'ils modifiaient leur propre espèce touranienne par l'alliance des femmes circassiennes et arméniennes.

Les chevaux d'Espagne, comparés par Strabon à ceux des Parthes, ont dû provenir soit des chevaux assyriens et égyptiens, colonisés en Afrique par la conquête de Thoutmès III, soit d'importations phéniciennes ou carthaginoises.

Il est à croire que la Gaule reçut ses chevaux de l'Espagne et non des migrations scythiques, puisque César les trouva bien supérieurs à ceux de la Germanie, et que, après la conquête romaine, ils figurèrent avec distinction sur les hippodromes de Rome, concurremment avec les chevaux renommés de Cappadoce, de Cyrène, de Sicile, de Thessalie.

Il y a toute apparence que, pendant le moyen âge, la production du cheval, en Europe, s'est faite avec fort peu de soin. Le préjugé, dont Lullin de Châteauvieux a été le dernier interprète, ne lui accordait que les terres incultes, dédaignées de la charrue. Ces terres abandonnées étaient couvertes de bruyères ou de marécages; heureusement, les forêts et les bois, plus étendus, moins précieux et moins gardés qu'ils ne le sont de nos jours, étaient l'asile salutaire de l'élevage, où chevaux, bœufs, moutons et porcs trouvaient de l'herbe fraîche en tout temps, un abri contre la bise en hiver, contre le soleil en été, et n'avaient à se défendre que contre les mouches et les loups.

Cette dépendance absolue du sol et du climat donnait lieu à des nuances fort diverses et quelquefois fort tranchées de province à province. L'Artois, le Cotentin, le Limousin ont produit des chevaux fort différents. Le sol était le fabricant et quelquefois même l'artiste, tandis que l'homme n'était que le spectateur et le moissonneur, plus ou moins favorisé.

Les résultats incomplets, obtenus par ce mode d'élevage, firent rechercher avec ardeur les chevaux nés dans les pays qui les produisaient le plus heureusement.

Le cheval espagnol, d'origine africaine, et peut-être syrienne, était la monture des princes, des barons, des chefs d'armée, qui prisaient sa vigueur, son courage, sa docilité et sa souplesse. Ceux de Naples et de Barbarie venaient ensuite.

Les chevaux de la Frise, du Danemark et du Mecklembourg, à qui les générations multipliées sur d'excellents pâturages ont donné une taille et une harmonie de formes exceptionnelles, furent les destriers privilégiés des hommes d'armes de forte stature.

Les chevaux, élevés en Europe sur les terres incultes et dans les bois, eurent plus à souffrir de ce mode d'éducation, à mesure que la charrue diminua l'étendue de leur pacage et leur enleva les meilleures terres, à mesure aussi que les bois et les forêts furent défrichés ou mieux gardés. L'insuffisance du cheval en nombre et en qualité se fit partout sentir au moment où le moyen âge passa à l'âge moderne. Car la demande et la consommation devinrent plus grandes en même temps que la production diminuait.

Les gouvernements s'en émurent et songèrent à y remédier. On s'occupa moins de changer le mode d'élevage et d'alimentation qu'à modifier les races par l'importation d'étalons et de quelques poulinières, choisis dans les pays qui avaient le mieux résisté à l'abâtardissement dû à la négligence et au mauvais régime. On rechercha ces éléments en Espagne, à Naples, en Barbarie et beaucoup en Danemark et en Frise.

On procéda de même en Allemagne et en France; mais l'incurie de l'élevage, pratiqué uniquement en plein air, contraria le succès et n'empêcha pas chaque terroir de ramener la production vers le caractère particulier à son cru.

Or, ce n'est pas en poursuivant directement son objectif que la véritable amélioration s'est faite; c'est comme accessoire des courses en Angleterre. Le sentiment du sport est inné dans la race anglo-saxonne, depuis son origine; c'est le sport qui a conduit l'amélioration chevaline dans une voie sûre et triomphante.

Gagner les prix offerts, soit par la munificence royale, soit surtout par l'enjeu des paris, excita une vive émulation pour se procurer les chevaux les plus rapides. On découvrit que les chevaux d'Orient l'emportaient en vitesse et en résistance sur les indigènes, que leur alliance avec les juments anglaises produisait des chevaux de qualité supérieure.

A l'avantage de la génération, on ajouta des soins particuliers dans l'élevage et l'alimentation du poulain. L'agriculture vint en aide à l'herbage et accrut la puissance de la nourriture, au lieu de la réduire comme précédemment. Les soins continuèrent ou plutôt redoublèrent au moment des épreuves. On cultiva d'abord le métissage, mais on se trouva bientôt en mesure de continuer les générations orientales par l'un et l'autre sexe. Une alimentation supérieure et des soins intelligents furent prodigués aux animaux qui en sortirent, et dès lors la famille du pur sang fut fondée.

Elle était sortie des déserts de l'Arabie et du Sahara avec des proportions exiguës, imposées par le sol et le climat qui avaient condensé les tissus au profit de l'énergie. Le sol et le climat de l'Angleterre, une nourriture toujours choisie, soit sur l'herbage, soit à l'écurie, développèrent les tissus, mais des soins ingénieux les raffermirent en même temps. Les Anglais ont résolu, en moins de deux siècles, le problème de transformer le petit cheval du désert en un puissant coursier, doué de la même énergie que ses ancêtres.

Il la déploie brillamment sur l'hippodrome, mais il la manifeste d'une manière plus utile, nous pourrions dire d'une manière souveraine, en la répandant, par la génération, sur toutes les races du Nord, auxquelles il communique le courage et dont il harmonise les formes sur les types les plus variés.

Le cheval des pays méridionaux, au contraire, doit continuer de retremper ses facultés dans le sang venu directement du désert.

Les races de chevaux sont variables à l'infini comme la plupart des races domestiques. Le climat les développe, les condense ou les délaye, et l'homme fait de même par le soin ou la négligence. Les races ont varié dans le temps comme dans l'espace. De tout temps il a existé des chevaux d'une grande finesse, que nous pouvons appeler chevaux de sang, et des chevaux grossiers. Mais la conquête des temps modernes a été d'élever sensiblement la force et la puissance du cheval. Si nous considérons les monuments qui nous ont été laissés par l'art antique, et même par l'art moderne avant ce siècle, nous y remarquerons que toujours les proportions du cheval sont petites. Les fers trouvés dans les tombeaux gallo-romains, ou sur les champs de bataille du moyen âge, attestent la médiocre taille des chevaux. Aujourd'hui, au contraire, le cheval a acquis une puissance considérable, soit dans le genre élégant, soit dans le genre massif. Le cheval de trait, dont le développement n'a pas été limité par le besoin de justifier la vitesse ou la précision de ses mouvements, est devenu un locomoteur d'une grande force.

Le cheval de pur sang anglais, grâce au climat anglais et aux soins qui sont venus en aide au sol et à l'atmosphère, a gagné en moyenne 10 centimètres de taille sur l'arabe ou le barbe dont il est sorti, il y a cent cinquante ans. Outre ses emplois comme cheval de course et reproducteur, il remplace au manège les anciens chevaux espagnols, barbes et limousins; il est plus fort et plus puissant qu'ils ne le furent jamais. Ce cheval, allongé par l'entraînement, ou jeté sur les épaules par la course, change son centre de gravité sous l'écuyer; il s'assied sur la hanche et cède à toutes les flexions; il est cheval de chasse et de guerre, ou bien il brille d'un éclat incomparable, attelé au phaëton léger qu'il conduit, en peu de temps, à de grandes distances. Mais c'est dans le croisement surtout que ses effets sont une source de richesse. Par lui, toutes les races sont améliorées; il communique son élégance et son énergie aux espèces carrossières, aux chevaux d'armes ou de chasse ; il augmente la puissance et la légèreté des chevaux de trait, et il offre aux espèces légères des éléments pour les faire grandir ou les fortifier. La puissance du cheval, ainsi élevée, est une conquête dont les temps modernes doivent se glorifier, car elle est une expression des progrès qu'a faits la civilisation dans son agriculture, dans ses voies de communication et dans l'énergie de ses mouvements.

FIN.

# TABLE

| Chapitres. | | Pages |
|---|---|---|
| I. | Quelques caractères particuliers | 1 |
| II. | Origines géographiques | 5 |
| III. | Chez les Hébreux | 9 |
| IV. | En Égypte | 16 |
| V. | Assyrie et Néséa | 23 |
| VI. | Espagne et Cyrène | 25 |
| VII. | Grèce | 27 |
| VIII. | Jeux Olympiques | 29 |
| IX. | Xénophon | 37 |
| X. | Chez les Romains | 40 |
| XI. | Cavalerie antique | 42 |
| XII. | Cavalerie romaine | 46 |
| XIII. | Cirque de Rome | 47 |
| XIV. | La Cappadoce | 48 |
| XV. | L'Arabie avant Mahomet | 51 |
| XVI. | Mahomet et le Cheval arabe | 54 |
| XVII. | Le Sultan El-Nacer | 63 |
| XVIII. | Le Cheval barbe | 70 |
| XIX. | Le Cheval espagnol | 77 |
| XX. | Goths, Scandinaves, Huns | 81 |
| XXI. | En Amérique | 83 |
| XXII. | En Gaule | 98 |
| XXIII. | Les Francs | 100 |
| XXIV. | Féodalité | 103 |
| XXV. | La Chevalerie | 105 |
| XXVI. | Chevaux du moyen âge | 109 |

| | | |
|---|---|---|
| XXVII. | Origines germaniques. | 119 |
| XXVIII. | Production pendant le moyen âge. | 119 |
| XXIX. | Les Écuyers. | 129 |
| XXX. | Newcastle. | 131 |
| XXXI. | René de Menou de Charnizay. | 141 |
| XXXII. | Pluvinel. | 147 |
| XXXIII. | Origine des haras. | 150 |
| XXXIV. | Premier système des haras. | 152 |
| XXXV. | Les Mémoires des Intendants, en 1698. | 160 |
| XXXVI. | Édit de 1717. | 170 |
| XXXVII. | Le haras du Pin. | 172 |
| XXXVIII. | La tête busquée. | 176 |
| XXXIX. | Le haras de Pompadour. | 182 |
| XL. | Situation générale avant 1789. | 187 |
| XLI. | Abolition des haras. | 189 |
| XLII. | Leur rétablissement par le décret de 1806. | 192 |
| XLIII. | Sous la Restauration. | 197 |
| XLIV. | Transition. | 201 |
| XLV. | L'Angleterre. | 208 |
| XLVI. | Le Cheval de course. | 211 |
| XLVII. | Le sang oriental. | 216 |
| XLVIII. | Anciennes épreuves. | 223 |
| XLIX. | Accroissement de la taille. | 226 |
| L. | Description du « Racer ». | 228 |
| LI. | Robes du pur sang. | 234 |
| LII. | Vitesse. | 237 |
| LIII. | Succès de l'Angleterre. | 244 |
| LIV. | Le Cheval irlandais. | 245 |
| LV. | Le pur sang en France. | 247 |
| LVI. | Diversité de l'élevage. | 254 |
| LVII. | La production dans le nord-est de l'Europe. | 265 |
| LVIII. | Les Pays-Bas. | 266 |
| LIX. | Le Hanovre. | 267 |
| LX. | Le Danemark. | 271 |
| LXI. | Le Mécklembourg. | 276 |
| LXII. | La Prusse. | 278 |
| LXIII. | Le Wurtemberg. | 284 |
| LXIV. | L'Autriche-Hongrie. | 285 |
| LXV. | Le haras de Mézohégyès. | 288 |
| LXVI. | Le haras de Babolna. | 291 |

| | | |
|---|---|---|
| LXVII. | Le haras de Kisber.................. | 291 |
| LXVIII. | Le haras de Fogaras................. | 292 |
| LXIX. | Le haras de Radautz................. | 293 |
| LXX. | Haras particuliers.................. | 294 |
| LXXI. | La Russie........................... | 297 |
| LXXII. | La Crimée et l'Ukraine.............. | 305 |
| LXXIII. | Le trotteur Orloff.................. | 312 |
| LXXIV. | Épilogue............................ | 316 |

FIN DE LA TABLE.

Paris. — Typ. G. Chamerot, 19, rue des Saints-Pères. — 8629.

# COLLECTION J. HETZEL & Cⁱᵉ

HISTOIRE, POÉSIE, VOYAGES, ROMANS, LITTÉRATURE FRANÇAISE ET ÉTRANGÈRE

## Volumes in-18 à 3 francs.

vol.

DEVAL. Les Demi-Dots .... 1
La Dernière ............... 1
DIN (A.). Marie Chassaing. 1
(Lucie). Une maman qui ne punit pas ................ 1
Aventures d'Edouard et Justice des choses........ 1
NTZON (Th.). Un Divorce.. 1
RT (Lucien). Le Bizco.... 2
Benito Vasquez............ 1
La Terre chaude........... 1
La Terre tempérée......... 1
Pile et face............... 1
Clientes du Dʳ Bernagius.. 1
Don Quichotte............. 4
MFORT (édition Stahl)... 1
OMBEY. Esprit des voleurs. 1
UDET (A.). Le petit Chose. 1
Lettres de mon moulin.... 1
IC (M.). Le Roman d'Antar. 1
IENECH (l'abbé). La Chaussée des Géants.......... 1
oyage et Avent. en Irlande 1
ANDE (A.), Carl, Joseph et Horace Vernet .......... 1
KMANN-CHATRIAN. Blocus. 1
'Ami Fritz, comédie.... 1
e brigadier Frédéric..... 1
Une Campagne en Kabylie. 1
onfidences d'un joueur de clarinette .............. 1
ontes de la montagne. ... 1
ontes des bords du Rhin. 1
ontes populaires......... 1
ontes Vosgiens........... 1
e Fou Yégof ............. 1
La Guerre................ 1
istoire d'un conscrit de 1813.................... 1
istoire d'un homme du peuple ................. 1
listoire d'un paysan..... 4
listoire d'un sous-maître. 1
l'illustre docteur Mathéus. 1
adame Thérèse.......... 1
dition allemande, avec les dessins hors texte, 1 v., 3 fr.
a Maison forestière..... 1
aître Daniel Rock....... 1
aître Gaspard Fix....... 1
aterloo................. 1
istoire du plébiscite.... 1
es Deux Frères ......... 1
ouvenirs d'un ancien chef de chantier ........... 1
uif polonais, pièce à 1 50.. 1
UIROS (A.). L'Angletere et la Vie anglaise.......... 5
RE (J.). Diss. du bâtonnat. 1
10. Où mènent les chemins de traverse...... 1
EVRAY. Une Cause secrète. 1

vol.

GOURNOT. Essai sur la jeunesse contemporaine..... 1
GOZLAN (L.). Émotions de Polydore Marasquin....... 1
GRAMONT (comte DE). Les Gentilshommes pauvres..... 1
— Les Gentilshommes riches. 1
JANIN (J.). Variétés littéraires. 1
— La Fin d'un monde. Le neveu de Rameau.......... 1
LAVALLÉE (Th.). Jean sans Peur 1
MULLER (E.). La Mionette.. 1
MORALE UNIVERSELLE. Esprit des Allemands........ 1
— Esprit des Anglais...... 1
—    —    Espagnols..... 1
—    —    Grecs........ 1
—    —    Italiens...... 1
—    —    Latins....... 1
—    —    Orientaux.... 1
OLIVIER (J.). Le Batelier de Clarens................ 2
PICHAT (L.). Gaston....... 1
— Les Poëtes de combat .... 1
— Le Secret de Polichinelle.. 1
POUJARD'HIEU. Les Chemins de fer................. 1
— La Liberté et les Intérêts matériels............. 1
PRINCESSE PALATINE. Lettres inéd. (trad. par Rolland). 1
QUATRELLES. Voyage autour du grand monde........ 1
— L'Arc-en-ciel........... 1
— La Vie à grand orchestre. 1
— Sans Queue ni Tête..... 2
— Mille et une nuits matrimoniales................. 1
— Parfait Causeur parisien.. 1
RIVE (DE LA). Souvenirs sur M. de Cavour.......... 1
ROBERT (Adrien). Le Nouveau Roman comique........ 1
ROQUEPLAN. Parisine...... 1
SAND (George). Promenade autour d'un village.... 1
STAHL (P.-J.). LES BONNES FORTUNES PARISIENNES :
—    Amours d'un pierrot.. 1
—    Amours d'un notaire. 1
—    Histoire d'un homme enrhumé .............. }
—    Voyage d'un étudiant.. } 1
—    Histoire d'un prince.. }
—    Voyage où il vous plaira } 1
    (A. de Musset et Stahl.) }
TEXIER et KÆMPFEN. Paris, capitale du monde...... 1
TOURGUÉNEFF (J.). Dimitri Roudine.................. 1
— Fumée (préface de MÉRIMÉE). 1
— Une Nichée de gentilshom.. 1
— Nouvelles moscovites..... 1

vol.

TOURGUÉNEFF. Étranges histoires ................. 1
— Les Eaux printanières... 1
— Les Reliques vivantes... 1
— Terres vierges.......... 1
WILKIE COLLINS. La Femme en blanc................. 1
— Sans nom............... 1
WOOD (Mᵐᵉ). Lady Isabel... 1

*Livres in-18 en commission (3 f*

ANONYME. Mary Briant. ... 1
— L'Armée française en 1879. 1
ARAGO (Étienne). Les Bleus et les Blancs........... 1
BAIGNIÈRES. Histoires modernes................. 1
— Histoires anciennes..... 1
BASTIDE (A.). Le Christianisme et l'Esprit moderne..... 1
BERCHÈRE. L'Isthme de Suez 1
BIXIO (Beppa). La vie du général Nino Bixio....... 1
BOUILLON (E.). Chez nous.. 1
BUGEAUD (Jérôme). Jacquet-Jacques............... 1
CARTERON (C.). Voyage en Algerie................ 1
CHAUFFOUR. Les Reformateurs du XVIᵉ siècle.... 1
DOLLFUS (Charles). La Confession de Madeleine ... 1
DUFF GORDON (lady Lucie). Lettres d'Egypte........ 1
DUVERNET. La Canne de Mʳ Desrieux........... 1
FAVIER (F.). L'Héritage d'un misanthrope.......... 1
FOS (Maria DE). Cercles de feu 1
GRENIER. Poëmes dramatiq. 1
HABENECK (Ch.). Chefs-d'œuvre du théâtre espagnol. 1
HUET (F.). Histoire de Bordas Dumoulin............. 1
LANCRET (A.). Fausses Passions. 1
LAVALLEY (Gaston). Aurélien. 1
LAVERDANT (Desiré). Don Juan converti.......... 1
— Renaissances de don Juan. 1
LEFÈVRE (A.). La Flûte de Pan. 1
— La Lyre intime.......... 1
— Les Bucoliques de Virgile. 1
LEZAACK (Dʳ). Eaux de Spa 1
NAGRIEN (X.). Prodigieuse Découverte............ 1
RÉAL (Antony). Les Atomes 1
SIMONIN (L.). Pays lointains 1
STEEL. Hadna............. 1
VALLORY (Mᵐᵉ). A l'aventure en Algérie............. 1
WORMS DE ROMILLY. Horace (traduction).......... 1

Paris. — Imp. Gauthier-Villars.

www.ingramcontent.com/pod-product-compliance
Lightning Source LLC
Chambersburg PA
CBHW050756170426
43202CB00013B/2448